MITOLOGÍA GRIEGA Y ROMANA

MITOLOGÍA
GRIEGA Y ROMANA

Alessandra Bartolotti
Traducción de Elena Coll

© 2011, Ediciones Robinbook, s. l., Barcelona

Diseño de cubierta: Regina Richling

Fotografía de cubierta: © iStockphoto

Diseño interior: iScriptat

ISBN: 978-84-96746-53-4

Depósito legal: B.17.912-2012

Impreso por : BLACKPRINTCPI

,Torre Bovera 6-7 08740

Sant Andreu de la Barca

Impreso en España - *Printed in Spain*

SUMARIO

Introducción

El hombre primitivo, sin ese contexto cultural y racional heredado que ayuda desde su nacimiento al hombre actual, necesi-
tó plantearse una serie de preguntas originadas por los acontecimientos surgidos ante él sin causa aparente y encontrar
respuestas que pudieran satisfacer su curiosidad elemental por
el misterio de la creación del mundo, por la vida más allá de la
muerte y por los fenómenos físicos.

En la Antigüedad el mito otorgaba un cierto reconocimiento a la existencia real de las cosas llegando a ser fuente distin-
guida de conocimiento. Reafirmaba un pasado de gloria, exal-
tando los altos ideales de la valentía, el autosacrificio y el
patriotismo de sus héroes e incentivando el cumplimiento de
un deber supremo en la construcción de la historia, mediante el
cual honraban a la cultura que habían heredado, en la convic-
ción de constituirse de este modo en ejemplo para sus descendientes.

La necesidad de comprender

La creación de los mitos responde a esa necesidad del hombre
de entender todos los fenómenos que entorpecen su existencia
o bien la facilitan, conduciéndole a interpretar las fuerzas que
inciden directamente en su vida y que no puede controlar y a
creer en fuerzas superiores que personifica en dioses o héroes.
Esa curiosidad humana intrínseca por el misterio de la vida y la

muerte y por los fenómenos físicos, está presente en todas las civilizaciones de la Antigüedad, proyectando sus propias cualidades —debido al carácter animista de su pensamiento— al mundo que lo rodea, en un esfuerzo por adaptarse a la realidad, idealizando primero la naturaleza, su pasado y sus experiencias a fin de defenderse contra todo lo desconocido que lo atemoriza. Gradualmente, en el transcurso de las generaciones, enriqueciendo sus conocimientos, utilizará la razón para explicar los fenómenos físicos y sus propias vivencias. Aunque, cuanto más antigua sea una civilización, más adheridos a su historia estarán sus mitos, a medida que madura el intelecto humano, empieza a diferenciar el mito de la realidad, adquiere conciencia histórica y toma distancia de su época heroica.

En este sentido, el concepto de la palabra *mitología* nos la define como ciencia que examina las leyendas de la cosmogonía —sistema de la formación del Universo—, de los dioses, semidioses y héroes. Cuando nos referimos a la mitología de cualquier pueblo, abarcamos el conjunto de tradiciones orales y escritas, de leyendas en torno a la creación del Universo y del planeta en que vivimos tanto como al habitado por dioses, semidioses y héroes de la Antigüedad. El mito no se reserva únicamente a las sociedades *primitivas*, sino que es —y ha sido siempre— una respuesta del espíritu humano a la necesidad espontánea de defensa ante una realidad enigmática y hostil, para adaptarse a su medio.

Aunque el interés por la mitología se remonte a edades muy remotas, es a partir del siglo XIX que empieza a estructurarse en ciencia. Los avances en la reconstrucción de la historia, legitimada por disciplinas auxiliares como la geografía, la arqueología, la paleografía, la etnografía, la filología, entre otras, le han proporcionado solidez y consistencia científica rescatándola de la mera imaginación literaria.

Entre algunas sociedades que han sido influidas por otras, como los romanos lo fueron por los griegos, se establecen semejanzas entre sus mitologías. Pero es importante constatar que —seguramente debido a una forma común de actuar ante circunstancias naturales y sociopolíticas parecidas, por un lado, y por otro, a causa del intercambio cultural ejercido a través del comercio y los viajes— incluso comunidades muy alejadas unas de otras poseen mitos similares como el origen del mundo, el diluvio, el paso de una generación de dioses a otra, etc.

REALIDAD MÍTICA, REALIDAD HISTÓRICA

El término *mito* proviene del término *mythos*, que significa fábula, y *logos*, discurso, palabra, es decir, narración de una historia inspirada tanto en hechos reales como imaginarios. El mito pertenece a una tradición cultural que se transmite de generación en generación, porque cuenta hazañas dignas de recordar y cumple una función de modelo —es ejemplar— de actuación humana, es decir, ético-moral y por ello forma parte de la identidad colectiva de un pueblo y permite al individuo interactuar con su espacio natural y a la vez reconocerse como parte de una comunidad.

Como relato tradicional que narra la acción memorable y ejemplar de seres extraordinarios, el mito —enraizado en ese tiempo remoto y lejano y, por tanto, prestigioso y digno del recuerdo— no está situado dentro de lo que llamamos historia, sino en un contexto propio y siempre anterior al tiempo en que se describe esta acción. Para que un relato se convierta en mito tiene que transcurrir mucho tiempo entre el momento en que sucedió y el momento en que las generaciones posteriores empiezan a recordarlo.

Así pues, un mito es siempre una historia, se transmita como se transmita, es un relato imaginado, protagonizado por seres sobrenaturales que organizan el mundo con una potencialidad superior a la humana, dan explicación a fenómenos naturales y sitúan su acción siempre en un espacio-tiempo anterior al nuestro, un pretiempo no verificable y distinto al tiempo histórico.

De la temporalidad del mito surge un paralelismo entre realidad mítica y realidad histórica. Si bien algunos mitos y leyendas conllevan vestigios de historia real, debemos tener presente que al mito no le interesa verificar su autenticidad. En la Antigüedad, el sentido simbólico del adjetivo *mítico* va más allá de la connotación actual de *no-realidad* y concibe la acción dentro de la *realidad,* aunque idealizada. Pero sobre todo, el mito no es una explicación destinada a satisfacer una curiosidad científica, sino un relato que hace revivir una realidad original y que responde a una profunda necesidad religiosa y moral, a obligaciones de orden social y a exigencias prácticas.

MORFOLOGÍA Y FUNCIÓN SOCIAL DE LOS MITOS

Según su morfología y su función social reconocemos cinco tipologías de mitos:

Mitos teogónicos: Relatan el origen y la historia de los dioses. Por ejemplo, Atenea surgiendo armada de la cabeza de Zeus. Los dioses griegos están hechos a imagen y semejanza de los hombres, no a la inversa. En ocasiones son protectores y benefactores, pero a la vez pueden ser apasionados, crueles y vengativos igual que los hombres. Los dioses no siempre son tratados con respeto: están muy cercanos a los hombres y pueden ser vencedores o víctimas de aventuras parecidas a las de los hombres.

Mitos cosmogónicos: Intentan explicar la creación del mundo. Son los más extendidos y de los que existe mayor cantidad. A menudo, se contempla el origen de la tierra en la concepción de un océano primigenio. A veces, una raza de gigantes —como los Titanes— desempeña una función determinante en esta creación y en tal caso, constituyen la primera población de la Tierra. Por su parte, el hombre puede ser creado a partir de cualquier materia, piedra o puñado de tierra, a partir de un animal, de una planta o de un árbol. Los dioses le enseñan a vivir sobre la Tierra.

Mitos etiológicos: Explican el origen de los seres y de las cosas. Intentan dar una explicación a las peculiaridades del presente. No constituyen forzosamente un conjunto coherente y a veces toman la apariencia de fábulas.

Mitos escatológicos: Son los que intentan explicar el futuro, el fin del mundo. En nuestras sociedades tienen amplia audiencia, todavía hoy. Estos mitos comprenden dos clases principales del fin del mundo —a causa del agua, o a efectos del fuego—. A menudo tienen un origen astrológico: la inminencia del fin se anuncia por una mayor frecuencia de eclipses, terremotos, y toda clase de catástrofes naturales inexplicables, y que atemorizan a los humanos.

Mitos morales: Aparecen en casi todas las sociedades. Lucha entre el bien y el mal, ángeles y demonios, etc. En definitiva, los inventos y las técnicas essencialmente importantes para un grupo social determinado se hallan sacralizadas en un mito. Los ritos periódicos contribuyen en afirmar su perpetuidad y constituyen de esta forma una especie de salvoconducto para los hombres. Las fiestas a que dan lugar son para los humanos ocasión de comunicarse con las fuerzas sobrenaturales y de asegurarse su benevolencia.

Atenea naciendo armada de la cabeza de Zeus. Detalle de un ánfora ática de figuras negras, 550–525 a. C.

MITOS DIVINOS, LEYENDAS HEROICAS

Al estadio primitivo del mito le sucede el de la leyenda que también es una narración oral o escrita, en prosa o verso, de apariencia más o menos histórica, con una mayor o menor proporción de elementos imaginativos. Mientras el primero afecta a los dioses, al origen del mundo y del hombre —rey siempre en la Tierra, incluso con todas sus limitaciones—, el segundo corresponde ya al hombre como protagonista. Si el mito es divino, en el sentido más amplio del concepto, la leyenda es plenamente humana, aunque a veces coloque al hombre a la altura de los dioses.

DIOSES Y MITOS GRIEGOS

En la Antigüedad, las aguas del mar Mediterráneo se transformaron en la vía primordial para el tránsito de recursos y mercancías, al mismo tiempo que propiciaban el intercambio de costumbres e ideas entre los pueblos asentados en sus costas. En este marco surgió en Creta una de las primeras grandes culturas occidentales, antes de enmudecer frente al florecimiento de la Grecia continental.

LA TRADICIÓN MÍTICORELIGIOSA GRIEGA

Las civilizaciones micénica y minoica halladas gracias a las excavaciones realizadas a finales del siglo XIX por Henrich Schliemann en Troya, Micenas o Tirinto, y las realizadas por Sir Arthur Evans a principios del siglo XX en Creta, sugerían que durante la Edad del Bronce (IV-I milenio a. C.) habían progresado en territorio griego dos civilizaciones con un extraordinario desarrollo cultural y socioeconómico. La existencia de una civilización anterior, descrita en la literatura como la Edad de los héroes, manifestaba que el pueblo que dominó dicho territorio desde las ciudadelas micénicas había poseído los mismos dioses y celebrado prácticas religiosas similares a las extendidas posteriormente en Grecia.

Los yacimientos indicaron que había una relación entre restos arqueológicos e importancia en el mito, siendo aquellas ciudades vinculadas a más ciclos míticos y héroes —como Micenas,

Heinrich Schliemann y su equipo, en la ruinas de Micenas.

Tirinto, Tebas o Troya— las que proporcionaban los vestigios arqueológicos más impresionantes. A su vez, también se fortalecía la hipótesis de que las heterogéneas poblaciones llegadas hasta esta región del Egeo y el Peloponeso a lo largo de la Prehistoria y de la Edad del Bronce (IV-I milenio a. C.) se habrían establecido con sus costumbres y con su lengua, integrándose a las poblaciones indígenas.

La religión griega, basada en una mitología de carácter sincrético, incorporó en sus mitos elementos de las diversas culturas, por lo que hallamos un gran número de dioses pertenecientes a épocas y lugares distintos, resultando complicado la reconstrucción del panteón completo. En efecto, los dioses se confunden en más de una ocasión y un mismo acontecimiento presenta varias versiones, produciendo importantes contradicciones.

El panteón de la Grecia clásica —con sus orígenes en la Grecia micénica— mantiene su fascinación en la Grecia contemporánea, no solo como una consecuencia de su legado artístico-cultural —visible en los restos físicos de los templos que definieron la arquitectura occidental hasta principios del siglo XX— y en su influencia sobre el imaginario popular occidental, sino porque permanecen, todavía hoy —según las cifras del Ministerio de Interior griego—, alrededor de treinta mil partidarios de la religión antigua viviendo en la Grecia actual.

LAS FUENTES

Los relatos mitológicos fueron en origen difundidos por la tradición poética oral. Las fuentes literarias más antiguas que conocemos, la *Ilíada* y la *Odisea* de Homero, son poemas épicos que narran los sucesos de la Guerra de Troya. Hesíodo, en su *Teogonía* y en *Trabajos y días*, relata la génesis del mundo, la cronología de los soberanos celestes, la evolución de las épocas humanas, el inicio del sufrimiento humano y el origen de las prácticas sacrificiales.

En los himnos homéricos, en fragmentos de poesía épica del ciclo troyano, en poemas líricos, en las obras de los dramaturgos del siglo V a. C., en escritos de los investigadores y poetas del período helenístico y en textos de la época del Imperio romano —de autores como Plutarco y Pausanias—, en todos ellos, también encontramos relatos mitológicos.

Por otra parte, las fuentes arqueológicas dan testimonio de que los textos escritos no son los únicos vectores de la mitología griega. El tema mitológico está igualmente presente en las artes figurativas —como la cerámica y la escultura— adaptando su representación al contexto y al público al que van dirigidas. Un ejemplo lo encontramos en las vasijas destinadas a contener

Representación de un Sátiro.

vino en las que se reproducen escenas mitológicas ligadas a Dioniso, donde figuras como los Sátiros —citados escasamente en los textos— aparecen con frecuencia en la decoración de estos objetos de uso cotidiano.

El tesoro de Príamo.
Schliemann atribuyó
las piezas halladas en el
sitio de la antigua Troya,
a su rey Príamo.

CRONOLOGÍA DEL MITO

Si bien es verdad que la mitología griega está llena de contradicciones, siendo imposible estructurarla en una línea temporal exacta, sí podemos determinar una cierta cronología:

Los mitos de origen. También denominada la Edad de los dioses. Cosmogonía y teogonía que recogen aquellos mitos sobre los orígenes del mundo, el nacimiento de los dioses y de la raza humana.

La Edad de los hombres. La edad en la que hombres y dioses se mezclaban libremente. Narraciones de las primeras interacciones entre dioses, semidioses y mortales.

La Edad de los héroes. Edad heroica, donde la actividad divina era más limitada. Las últimas y mayores leyendas heroicas son las de la Guerra de Troya y sus consecuencias —consideradas por algunos investigadores como un cuarto periodo—.

Grecia mantuvo a lo largo de toda su historia una fuerte unidad cultural, a pesar de su diversidad geográfica y su marcada fragmentación política. La cultura griega clásica es uno de los pilares de nuestra civilización occidental. Es en Grecia donde surge por primera vez la democracia, donde aparece la filosofía y ha sido la cuna de un gran número de filósofos, historiadores, escritores, artistas y pensadores cuyas obras son reconocidas en todo el mundo, y gracias a las cuales su influjo ha llegado hasta nuestros días.

DIOSES Y PERSONAJES MÍTICOS

La mitología griega ha cambiado con el tiempo para acomodar la evolución de su propia cultura. Los primeros habitantes de la Península Balcánica fueron un pueblo agricultor que asignaba un espíritu a cada aspecto de la naturaleza. Finalmente, estos vagos espíritus asumieron forma humana y entraron en la mitología local como dioses y diosas. Cuando las tribus del norte invadieron la península, trajeron con ellos un nuevo panteón de dioses, basado en la conquista, la fuerza, el valor en la batalla y el heroísmo violento. Otras deidades más antiguas del mundo agrícola se fusionaron con las de los más poderosos invasores o bien se atenuaron en la insignificancia.

Los griegos creían que los dioses habían establecido su residencia en el monte Olimpo, en la región griega de Tesalia. En el Olimpo, los dioses formaban una sociedad organizada en términos de autoridad y poder, se movían con total libertad y formaban tres grupos que controlaban el firmamento, el mar y la tierra, respectivamente.

DIOSES

Los dioses griegos fueron en sus inicios personificaciones de las fuerzas de la naturaleza —Poseidón, personifica el elemento líquido; Deméter, la tierra fértil—. En su evolución llegaron a adquirir cualidades humanas —Apolo representa la belleza, Artemisa la castidad—.

Tras esta humanización, los dioses experimentaron sentimientos —amor, odio, compasión— y experiencias humanas —matrimonios, guerras, placer—. Lo que los diferencia de los hombres son su inmortalidad, su invisibilidad, su facultad de metamorfosearse y su dominio sobre el medio al que representan.

OTROS PERSONAJES Y FIGURAS MITOLÓGICAS

Además de los doce dioses principales del panteón griego, existen otras deidades de menor poder y prestigio —entre los que destacan Asclepio, Eros, Hécate, Helios, Hestia, Ilitía, Pan, Perséfone, Príapo, Selene, Tánato y Temis— que junto a otras figuras mitológicas como Nereidas, Ninfas —Náyades, Hamadría-

En la mitología griega Zeus es el padre de los dioses y los hombres.

des, Hespérides—, Musas, Moiras, Horas, Cárites, Erinias y Sátiros, también participan en las narraciones mitológicas, al lado de otros personajes de carácter monstruoso —Harpías, Sirenas, Grifos, Centauros, Górgonas, Minotauro, Grayas, Cérbero, Caribdis, entre otros—.

En la mitología griega podemos encontrar monstruos de varias clases:

Los híbridos, son engendros compuestos por varios animales —la Quimera, por ejemplo, tiene cabeza de león, cuerpo de cabra y parte trasera de serpiente; las Sirenas son mitad mujeres, mitad aves—.

Los que tienen características físicas anormales —Cérbero es un perro con tres cabezas, los Cíclopes tienen un solo ojo en mitad de la frente—.

Las metamorfosis —Escila y Medusa, fueron hermosas doncellas transformadas en monstruos por los dioses—.

HÉROES

En un principio se llamó héroes a los engendrados entre un dios y un mortal, de manera que los héroes serían semidioses. Posteriormente se denominó héroe a un líder militar o a cualquier persona que destacara por su valentía o talento.

Hay ciertos rasgos que caracterizan a los héroes:

Las vidas de los héroes suelen estar estrechamente relacionadas con el combate, la fundación de juegos o la realización de empresas imposibles —Belerofontes mató a la Quimera, Teseo fue un gran líder—.

Frecuentemente son héroes epónimos y civilizadores que fundan ciudades participando en la elaboración de leyes, técnicas y artes —Cadmo fundó Tebas, levantó las murallas de la ciudad, enseñó a los hombres a arar, a explotar los minerales, etc.; Helén es el héroe epónimo de los helenos y da nombre a toda la raza de los griegos—.

Destacan por la desmesura de sus atributos físicos, ya sean belleza, fuerza o alguna característica monstruosa —Paris, príncipe troyano que raptó a la hermosa Helena, estaba considerado uno de los hombres más bellos de su tiempo; Cécrope, primer rey de Atenas, tenía la parte superior de hombre y la parte inferior de serpiente—.

En su vida predominan los hechos violentos más deleznables —Aquiles mata a Troilo, el hijo pequeño del rey Príamo de Troya, en un templo de Apolo; Heracles, mató a los hijos engendrados junto a su esposa Mégara en un episodio de locura; Odiseo mata a Palamedes, como venganza por obligarle a participar en la Guerra de Troya; Tiestes viola a su propia hija, para engendrar un descendiente que le vengue de su hermano Atreo—.

Frecuentemente, sus vidas están condicionadas por profecías a las que no pueden escapar —Edipo es abandonado por sus padres, para eludir la profecía que predecía que mataría a su padre y se casaría con su madre, pero no logra zafarse de ella; Per-

Aquiles vendando el brazo a su amigo Patroclo. Aquiles fue uno de los héroes mitológicos más famosos de la historia.

seo es encerrado junto a su madre en un cofre y lanzado al mar, pero aún así, tal y como había predicho el oráculo mató a su abuelo—.

Sus muertes suelen ser violentas y sus restos pueden estar dotados de poderes mágicos —Orfeo murió despedazado por las mujeres tracias y una vez muerto, el ofrendar ritos fúnebres a su cabeza hizo que cesara una peste; el homoplato del fallecido Pélope fue llevado a Troya como una de las condiciones que debían darse para que los aqueos lograsen tomar la ciudad—.

LA CREACIÓN DEL MUNDO

Según Hesíodo, primero fue el Caos, infinito. Después surge Gea —*la de amplio pecho*— la primera definición que limita y da sentido al espacio sin forma. Emplazamiento seguro de los inmortales del monte Olimpo. En sus entrañas se encuentra el *tenebroso Tártaro*. Al mismo tiempo, nace Eros, la atracción, el principio motor que provoca y da origen a las uniones. Del Caos surge Érebo —el vasto espacio subyacente, donde más tarde tendrán su lugar los infiernos— y Nix, la noche, de la que nacen Éter y Hemera (la sustancia primordial y el día) producto de su unión con Érebo. En el vacío ubicado por encima de la Tierra, Gea alumbra a su primogénito, Urano —el firmamento—, que la envuelve en su totalidad y la protege. Después de haber engendrado a Urano, Gea engendra a los Montes (Ourea) y a las Ninfas que habitan en ellas. Gea también es madre de Ponto —*estéril piélago de agitadas olas*—.

GEA Y URANO

De la unión de Gea con Urano nacen seis hijos llamados Titanes —Óceano, Ceo, Crío, Hiperión, Jápeto y Cronos— y seis hijas a las que también se las llama Titánides —Tía, Temis, Mnemósine, Febe, Tetis y Rea—. También da a luz a los soberbios Cíclopes —Brontes, Estéropes y Arges—, fuertes y vigorosos, similares a los dioses pero con un único ojo en la frente.

De Gea y Urano nacen también Coto, Briareo y Giges —los Hecatónquiros—, de gran fuerza violenta que emerge de su enorme monstruosidad, dotados con cien brazos y cincuenta cabezas.

La castración de Urano y la guerra de los Titanes

Urano, temiendo que sus hijos al crecer le arrebataran el poder, obligaba a Gea a devolverlos y enterrarlos en sus entrañas. Harta de tal inconveniente, esta convenció a Cronos, el pequeño de los Titanes, para que se alzara contra su padre y lo armó con una hoz. Cronos, siguiendo las indicaciones de su madre, esperó a que Urano se relajara en un plácido sueño y en ese momento consiguió castrar a su padre. Del esperma de Urano caído sobre el mar nació Afrodita y de las gotas de sangre que cayeron en la tierra nacieron las Erinias, los Gigantes y las Ninfas Melíades.

Tras este episodio, Cronos destronó a su padre, desposó a Rea, su hermana, y liberó al resto de sus hermanos del Tártaro. A Océano —que desposó a Tetis— le entregó el control de las aguas, a Hiperión y Febe el gobierno sobre el sol y las estrellas. Pero resultó ser un tirano aún mayor que su padre y para evitar que uno de sus hijos le arrebatara el trono, devoraba a sus descendientes —Hestia, Deméter, Hera, Hades y Poseidón— a medida que Rea los engendraba. Desesperada, su esposa solicitó la ayuda de Urano y Gea. Con la cooperación de Gea, Rea ocultó a su último hijo Zeus y engañó a Cronos, dándole en su lugar una piedra envuelta en pañales para que la devorase.

Zeus creció en el monte Dicte bajo la custodia de las Ninfas, amamantado con la leche de Amaltea —presentada algunas veces como cabra y otras como Ninfa— y protegido por los Curetes que danzaban ruidosamente para ahogar el sonido del llanto del pequeño Zeus y evitar que lo oyera Cronos.

Ya en edad adulta, Zeus decidió destronar a su padre y obligarle a devolver a sus hermanos. Desposó a su hermana Hera y repartió el poder en tres reinos. Entregó el control de los mares a Poseidón, el poder sobre el inframundo se lo otorgó a Hades y se reservó para sí el reino de los cielos, instalándose en la cima del monte Olimpo. A su hermana Deméter le concedió el rango de diosa de la agricultura y a Hestia el de diosa del hogar y la familia. Gradualmente, Apolo, Artemisa, Ares, Hermes y Hefesto, completaron el Consejo de los doce dioses que reinarían con él en el Olimpo.

Tras el nuevo orden, se inició una guerra que fue llamada Titanomaquia. Los Titanes liderados por Cronos —instigados por su madre Gea— se enfrentaron a los Olímpicos, a los Hecatónquiros y a los Cíclopes para cambiar lo establecido por Zeus. Los doce Olímpicos vencieron.

Al finalizar la Titanomaquia, el creciente orgullo y mal genio de Zeus provocó que Hera, Poseidón y Apolo se rebelasen contra él. Zeus fue encadenado y cuando sus captores decidían quién ocuparía su lugar, Tetis, intuyendo una guerra civil, buscó a Briareo que lo liberó con facilidad. Hera, que había encabezado la revuelta, fue colgada por las muñecas en el firmamen-

La caída de los Titanes, pintada por el pintor holandés Cornelis van Haarlem.

to con un pesado yunque atado a cada pie. Poseidón y Apolo fueron enviados como siervos al rey Laomedonte.

Posteriormente, los Olímpicos se vieron envueltos en otra guerra —segunda tentativa de Gea que alzó en batalla a los Gigantes, para resarcirse del primer fracaso de los Titanes— a la que se llamó Gigantomaquia. De nuevo triunfaron los Olímpicos y Zeus obtuvo finalmente el trono divino. Los Titanes fueron desterrados al Tártaro, donde los custodian los Hecatónquiros.

Los doce Olímpicos

La unión de Cronos y Rea originó la primera generación de Olímpicos —Zeus, Poseidón, Hades, Deméter, Hestia y Hera—. Zeus y Hera derrocaron a sus progenitores y se instalaron definitivamente en el trono divino.

Una segunda generación de Olímpicos fue la formada por Atenea, Apolo, Artemisa, Ares, Hermes y Hefesto. Junto a los anteriores, son los doce dioses principales del Panteón griego, aunque estos dioses varían según las distintas clasificaciones de los autores antiguos, incorporando a Dioniso en el recuento de los doce y relegando a Hades al reino del inframundo o a Deméter a una segunda fila. Aquí veremos en un breve repaso a todos ellos.

Zeus

Hijo de Cronos y Rea. Dios supremo del Olimpo, ostenta el título de padre de los dioses. Zeus es el dios del la luz y el rayo. Personifica el cielo en todo su poder, y es símbolo de la lluvia, el viento, las tormentas, del ciclo de las estaciones y de la sucesión de la noche y el día. Su misión es proteger los privilegios de los dioses, manteniendo el equilibrio del Universo. Su poder, aunque grande, es limitado, pues él mismo también subyace a las leyes del Destino.

Cuando —con ayuda de su madre— fue nombrado copero de Cronos, mezcló una pócima que Metis le proporcioóa, en una de las bebidas que indujo a Cronos al vómito de todos sus hijos, incluída la piedra que devoró creyendo que se trataba de Zeus.

Aunque tuvo varias esposas y numerosas amantes, su esposa legítima es Hera —una de sus hermanas— que reina con él en el Olimpo.

Hera

Hija de Cronos y Rea —y protectora de los matrimonios—, se había criado en la Arcadia. Es allí donde Zeus va a buscarla y transformado en cuco la sedujo. Hera,

Representación del Olimpo, morada de los dioses griegos.

tomando el cuco en sus manos para resguardarlo del frío, fue violada por Zeus una vez este recuperó su verdadero aspecto.

Después de este encuentro Hera y Zeus se casaron y Hera pasó a ser la reina indiscutible del Olimpo. Cuando todos los dioses acudieron a la boda con valiosos presentes, Gea le regaló a Hera un árbol con manzanas de oro que proporciona la inmortalidad.

Esta unión se verá implicada en frecuentes conflictos, motivados en su mayoría por las continuas infidelidades de Zeus.

En una ocasión, harta de las aventuras de Zeus, lo abandonó y partió hacia la isla de Eubea. Zeus, frustradas sus tentativas para que regresara al Olimpo —y aprovechando el carácter celoso de la diosa—, mandó esculpir una hermosa estatua —a la que vistió con un traje nupcial— y la colocó en un carruaje escoltado por unos emisarios que anunciaban su próximo enlace con Zeus. Hera, enfurecida, asaltó el carruaje para agredir a su rival, descubriendo así el engaño. De este modo, Hera reconoció sus sentimientos y regresó al Olimpo con Zeus.

Madre de Ares, Hebe, Ilitia y Hefesto, cuando nació este último, se disgustó de tal modo por la deformidad del niño, que lo expulsó del Olimpo para no verlo. Hefesto, en venganza, construyó un fabuloso trono de oro que regaló a su madre. Cuando Hera se sentó en él, quedó apresada por unas cadenas, permaneciendo así hasta que Dioniso, respondiendo a las súplicas de la diosa, embriagó a Hefesto y consiguió que la soltara de sus ligaduras.

Suele aparecer como una diosa celosa y vengativa, que se muestra despiadada con cualquiera que represente un peligro para ella —convirtió en serpientes los cabellos de Antígona, la hija de Laomedonte, por presumir de tener unos cabellos más hermosos que los de la diosa (alguna versión afirma que la convirtió en cigüeña). Volvió locas a las hijas del rey de Argos por hablar despectivamente de una estatua suya. Dejó ciego a Tiresias por dar la razón a Zeus en una discusión que el matrimonio mantenía—. Sobre todo se muestra implacable con las amantes de Zeus y los descendientes que tiene con éstas.

Atenea

Hija de Zeus y Metis, es la diosa de la sabiduría y una de las más importantes del Olimpo. Es guerrera, aunque antes de entrar en combate siempre intenta resolver los conflictos pacíficamente, sin embargo, una vez entra en batalla nunca es derrotada. Es la hija favorita de Zeus, sus armas son las de su padre y se las presta cuando las necesita. También comparte con él la égida.

El oráculo advirtió a Zeus que su primer vástago sería una niña y el segundo, un varón que lo destronaría y para evitar el vaticinio se tragó a Metis —ya embarazada de Atenea—. Al cabo de cierto tiempo, le empezaron a surgir terribles dolores de cabeza. Hefesto le abrió la cabeza de un hachazo y justo de la herida —con un grito de guerra y ya adulta— salió Atenea.

Aunque la diosa por su condición de virgen no tuvo hijos, adoptó y crió a Erictonio, nacido cuando Hefesto trató de violarla al intentar cobrarse de este modo unas armas que le había construido. Atenea consiguió zafarse a tiempo de tal asalto y el semen del herrero fecundó la tierra al caer, naciendo así Erictonio.

Se la representa armada con lanza, casco, escudo redondo con la cabeza de la Medusa, la égida de Zeus y sandalias aladas.

Afrodita

Diosa del amor y la belleza, fue criada por las Horas y las Gracias, y representa el deseo sexual —una de las fuerzas creadoras del universo— al que todo ser vivo está sometido.

Cuando Urano fue castrado por Cronos su esperma cayó al mar provocando una efervescencia espumosa de donde nació Afrodita. El origen de su nacimiento se refleja en su nombre, puesto que es una derivación de *aphros* —la espuma—.

Aunque bella, también es una diosa temible que impulsa terribles pasiones a los que descuidan su culto o provocan su antipatía —como es el caso de Fedra o de Pasífae— y posee un ceñidor mágico que tiene el poder de enamorar a mortales e inmortales.

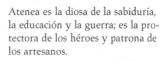

Atenea es la diosa de la sabiduría, la educación y la guerra; es la protectora de los héroes y patrona de los artesanos.

En una ocasión fue reprendida cuando Atenea la sorprendió trabajando en un telar, trabajo que estaba incluido en las prerrogativas de Atenea. Afrodita se disculpó y nunca más trabajó con las manos dedicándose únicamente a sus artes amatorias.

La diosa encantó a muchos dioses y mortales que intentaron conquistarla, pero fue obligada a desposarse con Hefesto contra su voluntad para castigar su orgullo. Pensando que el dios herrero sería fácil de contentar, la diosa aceptó, aunque su relación estuvo colmada de numerosas infidelidades con dioses y hombres, siendo Ares —dios de la guerra— una de ellas y de la que nació su hija Harmonía. A pesar de sus engaños, Hefesto —enamorado en desmesura— la perdonó sin cesar.

Apolo

Hijo de Zeus y Leto y hermano de Artemisa, es el dios mas hermoso del Olimpo. Diestro en las artes musicales, recibió de Hermes la lira con la que cultivaría su talento. Conocedor de la medicina, enseñó los secretos de tal disciplina a su hijo Asclepio, quien con su don aliviaría de sus dolencias a los hombres.

Maestro en las artes adivinatorias y decidido a revelar la voluntad de Zeus a los hombres recorrió toda la Hélade —montado en un carro de cisnes, regalado por Zeus— desde su Delos natal para encontrar el lugar dónde fundar su oráculo. Finalmente llegó a Delfos donde mató a la serpiente Pitón y se instaló en el oráculo que hasta entonces había ocupado la serpiente. A partir de ese momento, pasó a ser el oráculo de Apolo en Delfos y su fama sobrepasaría los límites del mundo heleno. En el oráculo emplazó a una joven llamada Pitia, encargada de transmitir de forma ambigua los oráculos que el dios le inspirase.

Apolo, dios vengativo, castiga de forma terrible a sus oponentes o a los que se atreven a rivalizar con él —como en tal caso lo hiciera Marsias, al que desolló vivo por pretender tocar mejor la flauta que Apolo la lira—. Nunca se casó, sin embargo, los mi-

Apolo es el dios del sol, la danza, las artes, la música, la arquería, la prudencia, las profecías, la medicina y la belleza masculina.

tos sobre sus aventuras amorosas son infinitos y no siempre rezan a su favor, siendo rechazado en múltiples ocasiones.

Apolo fue arrojado en dos ocasiones del Olimpo. La primera, como castigo por participar en una revuelta contra Zeus. En esta ocasión tuvo que ayudar al rey Laomedonte a construir las murallas de Troya. La segunda, por haber lanzado sus flechas contra los Cíclopes —aliados de Zeus—, se le encomendó cuidar de los rebaños del rey Admeto.

Artemisa

Hija de Zeus y Leto, hermana de Apolo. Protectora de las aguas y los animales, la hermosa y atlética diosa de la cacería, recorre los bosques con su don de domar y capturar a las fieras. Los símbolos que la representan son el arco, las flechas y el carcaj y su animal sagrado es el ciervo. Es la protectora tradicional de las amazonas y la oponente natural de Afrodita.

Benefactora de las mujeres jóvenes y guardiana de los partos, el culto a la que también es diosa de la virginidad se relacionaba con las ceremonias nupciales y la protección de las embarazadas. Frecuentemente aparece en mitos relacionados con la castidad como el que nos narra el descubrimiento por parte de Artemisa del embarazo de la ninfa Calisto —seducida por Zeus—, a la que transformó en osa y lanzó su jauría tras ella, o el que relata cómo castigó a Acteón por haberla visto desnuda mientras se bañaba, abalanzando sobre él su mesnada animal hasta destrozarlo.

Ares

Hijo de Zeus y Hera. Dios guerrero por excelencia, representa la fuerza bruta, antítesis de Atenea —diosa también guerrera— que encarna la fuerza inteligente y la astucia. A menudo se lo representa armado de casco, coraza, polainas, escudo y lanza y en actitud de acoso a sus adversarios. En los enfrentamientos con Atenea siempre vence esta, dejándolo incluso maltrecho y humillado. A pesar de que su presencia física es impresionante, tampoco sale siempre vencedor en otros combates. En la lucha que mantuvieron los Olímpicos contra los Gigantes, Ares fue apresado y encerrado en una vasija durante trece meses, hasta que Hermes casualmente lo descubrió y lo liberó.

De sus múltiples aventuras amorosas la más celebre la protagoniza junto a Afrodita. Hefesto —advertido por Helios de la aventura de los amantes— escondió una red casi invisible pero muy resistente sobre la cama de su mujer para capturar *in fraganti* a la pareja adúltera. Su trampa surtió efecto y cuando Ares y Afrodita se acostaron fueron apresados por la sutil red, provocando la burla de los demás dioses. Poseidón, cumpliendo su promesa y para calmar el ánimo de Hefesto, alejó a Ares del Olimpo para que todos olvidasen el suceso.

Hefesto

Hijo de Zeus y Hera. Personificación del fuego —fuerza creadora—, es el dios de los herreros y del fuego que doblega los metales. Descubrió la aleación de los metales mediante su fundición. En su taller trabaja junto a él Atenea, de donde Prometeo robó el fuego para dárselo a los hombres.

Hefesto es el autor de innumerables obras, entre ellas, los rayos de Zeus, la flechas de Artemisa y Apolo, forjó las armas de Aquiles, la coraza de Heracles, las cadenas de Prometeo, modeló el cuerpo de Pandora y el autómata de Talos.

Entre los doce dioses del Olimpo, Hefesto se diferenciaba por su fealdad. Al nacer era tan deforme que su madre —para que no la avergonzara— lo lanzó desde el Olimpo y al caer en el mar, las Oceánides Tetis y Eurinome lo recogieron y cuidaron durante nueve años. En el noveno año de su vida, Hera descubrió una joya que Tetis llevaba y quiso saber quien la había realizado. Tetis le confesó que la había hecho Hefesto. Hera entusiasmada con la obra de su hijo le pidió que regresara al Olimpo. Pero Hefesto —que aún estaba resentido con ella— le regaló un espléndido y bello trono que la aprisionó al sentarse en él, hasta que Dioniso le convenció para que la soltara.

Cuando al final hizo las paces con Hera, volvió a Olimpo de donde fue arrojado por segunda vez, en esta ocasión por Zeus, cuando se puso de parte de Hera en una discusión que esta mantenía con el dios supremo del Olimpo.

Estuvo casado con Cárite, Aglaye y con Afrodita de la que estaba tan enamorado que le perdonó todos sus deslices.

Hermes

Hijo de Zeus y Maya. Es el fiel mensajero de los dioses —en especial de Zeus—, sus principales cualidades son la astucia y la vivacidad. Fue un muchacho muy despierto desde su nacimiento y se divertía burlándose de los dioses y de los hombres con sus picardías. Con apenas unas semanas robó las vacas de Apolo y creó la primera lira con el caparazón de una tortuga, que luego regaló a Apolo para reconciliarse con él.

Más tarde inventaría la siringa o flauta, que también adquirió Apolo a cambio del cayado con el que cuidaba de sus rebaños. Cierto día Hermes separó a dos serpientes que luchaban. Estas, una vez amansadas, se entrelazaron en torno al cayado, lo que dio lugar al caduceo, que en Grecia es el símbolo de los embajadores y los heraldos.

Como emisario divino comunicó el ultimátum de Zeus a Prometeo; llevó a Afrodita, Atenea y Hera ante Paris para que pudiera decidir quién era la más bella y así conseguir la manzana de Éride. Ofreció a Néfele el cordero con un vellón de oro, que más tarde irían a buscar los Argonautas.

Sus hijos más conocidos son Hermafrodito y el dios Pan, aunque su descendencia y aventuras amorosas fueron abundantes.

Dioniso

Hijo de Zeus y Sémele. Dios del vino, de la diversión y del teatro. Dioniso es llamado el nacido dos veces, una vez de su madre y la otra de su padre, cuando uno de los rayos de Zeus fulminó a Sémele y este tuvo que arrancar al niño —aún vivo y con solo seis meses— del vientre de su madre y Hermes lo cosió dentro del muslo de Zeus para que completara la gestación.

Más tarde, Dioniso fue descuartizado y hervido en una caldera por los Titanes, por instigación de Hera. Pero su abuela Rea uniendo sus restos le resucitó y Zeus lo escondió —disfrazado de mujer— en la corte del rey Atamante. Aunque finalmente, Dioniso fue transformado en cabra y dejado al cuidado de las ninfas.

Ya de adulto descubrió la vid, con cuyo fruto se emborrachaba frecuentemente con sus amigos. Cuando Hera lo encontró, logrando enloquecerle, Dioniso se rodeó de una corte de bestias y sátiros que ya nunca le abandonó.

Ofreció el vino a los hombres y les enseñó su misterio y cómo fabricarlo a través de Icario. A partir de entonces en honor al dios de la diversión se organizaron ceremonias —orgías— donde los hombres enajenados por la locura dionisíaca, acompañados por el baile y el canto que les inspiraba el dios, se olvidaban de su rutina diaria. Esta manifestación del ánimo alumbró la creencia en la autotrascendencia del ser humano, lo que llevó al inicio del teatro. En recuerdo del legado de Dioniso, sus sacerdotes tenían reservado un lugar preferente en los teatros griegos.

Fueron frecuentes sus viajes y aventuras hasta que encontró a Ariadna, con la que se casó y la vengó de Teseo. Consiguió que Perséfone hiciera regresar de los infiernos a su madre, a quien le cambió el nombre por Tione para llevarla con él al Olimpo sin agraviar a Hera. Y allí vive junto a Ariadna ocupando el asiento que Hestia le cedió, entre los doce dioses principales del panteón griego.

Dioniso es el dios más joven del panteón. Es el dios del vino, la naturaleza en estado salvaje y la sexualidad abierta.

Deméter

Hija de Cronos y Rea. Es la diosa de la agricultura. Se la considera la descubridora del trigo y de sus secretos culinarios y frecuentemente se la representa coronada con espigas —su fruto sagrado—, portando una antorcha, referente de la subida de Perséfone del Tártaro. Mientras Rea es la madre universal, Deméter es la madre que nutre y proporciona los frutos de la tierra con los que se alimentan los humanos —gracias a lo cual, pueden evolucionar del estado salvaje al de la civilización—, por ello, Deméter ocupó un lugar preferente en la religión griega.

Llegado el momento en que su hermano Zeus tomó el poder, la llamó al Olimpo y le encomendó la protección de la vegetación y de la agricultura. Con él tuvo a Perséfone y a Yaco.

Cuando Hades se enamoró de Perséfone, llevándose a la joven al mundo subterráneo —o mundo inferior—, empezó para Deméter un largo peregrinaje tras la búsqueda de su hija, negándose a cumplir su cometido.

Deméter, después de haber sido informada de los sucesos por Helios, continuó su peregrinaje llegando a Eleusis, donde reinaban Céleo y su esposa Metanira. Una vez allí y disfrazada de anciana, entró al servicio de los soberanos. Agradecida por la hospitalidad que le brindaban Céleo y su esposa decidió dotar con la inmortalidad a Demofonte, pero mientras practicaba el ritual para proporcionarle tal capacidad, fue interrumpida por Metanira y el niño falleció. Como compensación Deméter otorgó grandes dones a Triptólemo, hermano del fallecido (según otras versiones Demofonte no muere, simplemente no alcanza la inmortalidad).

Como la diosa no solo siguió negándose a hacer fructificar los campos, sino que además envió una terrible sequía para obligar a los dioses a devolverle a su hija, Zeus se vió en la obligación de tomar partido e intentó convencerla de que regresara al Olimpo y siguiera con sus funciones fertilizantes de la Tierra. Pero ante el nulo resultado de sus embajadas, Zeus tuvo que ceder y mandó a Hermes al Hades con el mensaje de que Perséfone debía ser devuelta. Sin embargo, por una artimaña de Hades, la muchacha había ingerido un alimento que hacía imposible su regreso. Entonces, para encontrar una solución que satisfaciera a Deméter y a Hades, Zeus dictaminó que a partir de aquel momento la joven permanecería una tercera parte del año junto a su esposo —en el mundo subterráneo— y el resto del año con su madre entre los vivos. Desde ese momento, el renacimiento de la naturaleza en el paso de las estaciones climáticas quedaría ligado al tiempo que Deméter estuviera junto a su hija.

Poseidón

Hijo de Cronos y Rea. Al destronar a su padre, Zeus nombró a Poseidón dios de los mares, de los ríos, de los lagos y de las cascadas. Es intrigante e irascible, iguala a Zeus en dignidad, pero no en poder. En la guerra contra los Gigantes luchó con tal furia que incluso arrancó una isla entera —Nísiro— arrojándola encima de sus adversarios para aplastarlos. A él se encomendaban los navegantes para sentirse seguros en su viaje, pues si se le contrariaba, un leve movimiento de su tridente podía provocar las mareas más violentas.

Poseidón señor de los mares y océanos.

Disputó con Atenea la protección de Atenas. Cada uno debía ofrecer a los atenienses un obsequio y el que ofrendara el regalo más útil a la ciudad ganaría. Atenas fue concedida a Atenea por hacer el regalo más útil —un olivo, del que podían extraer madera, aceites y sus frutos—. Poseidón les ofreció un caballo y agua, pero al resultar ser salada, los atenienses prefirieron el regalo de Atenea.

Poseidón tuvo varias esposas y numerosas amantes, pero su esposa legítima fue la nereida Anfítrite, hija de Nereo y Dóride. Con ella tuvo a Tritón, Rodas y Pentesicimea. Su descendencia y aventuras igualaban a las de su hermano Zeus.

Vive en las profundidades del mar Egeo y se desplaza en un carro tirado por seres mitad corceles, mitad serpientes y se acompaña por un séquito de nereidas, delfines, tritones y también por Proteo, pastor de sus rebaños de focas.

Hades

Hijo de Cronos y Rea. Es el dios del mundo subterráneo —y por extensión, del de los muertos—. Esposo de Perséfone —a la que raptó para casarse con ella—, se le representa en un carro de oro con el cuerno de la abundancia en la mano. El símbolo de Hades es el casco que convierte en invisible a su portador.

Por ser orgulloso, cruel y celoso de sus prerrogativas, fue aborrecido por hombres y dioses aunque también era un gran seductor.

La palabra *Hades* hacía referencia originalmente únicamente al dios —era una abreviatura para su morada «en [el lugar de] Hades»— y finalmente llegó también a designar la morada de los muertos.

Hades es el dios del inframundo y de los muertos sobre los que el reina.

Cuando alguien moría, Hermes conducía al muerto hasta el río Estigia, donde el barquero Caronte recogía en su barca al fallecido llevándolo al otro lado, donde se encontraba Cérbero que como Caronte vigilaba que no pasara ningún ser vivo. Los muertos eran juzgados por Minos, Radamantis y Éaco quienes los encaminaban, según sus actos, hacia la llanura de Asfódelos —donde se quedaban los mediocres—, los Campos Eliseos —donde iban los afortunados— o hacia el Tártaro —lo más parecido al infierno cristiano—.

El género humano y el diluvio de Deucalión

Los dioses crearon al hombre y a otros seres con arcilla y fuego. Luego encargaron a Prometeo y a Epimeteo la tarea de repartir sus atributos. Los dos hermanos acordaron que Epimeteo les daría los dones y que Prometeo lo supervisaría. Entonces el primero empezó a otorgar a todos los seres los elementos necesarios para sobrevivir y perpetuarse, pero cuando llegó al hombre ya había consumido todos los dones, así que el género humano quedó desnudo e indefenso ante la naturaleza. Prometeo, sintiéndose responsable del error de su hermano, decidió ayudar al hombre en sus dificultades.

Prometeo

Según una de las versiones más difundidas, Prometeo, benefactor de la humanidad por excelencia, fue designado juez en una disputa en Silicón, sobre qué partes de un animal sacrificado debían ser ofrecidas a los dioses y qué partes debían ser para los hombres. Después de sacrificar a un animal, Prometeo separó en una parte la carne del animal tapado por las vísceras y en la otra puso los huesos cubiertos con la grasa para que fuese más atractiva. Una vez hecho esto, le pidió a Zeus que eligiera una parte. Zeus eligió la que parecía más agradable a la vista, la que escondía los huesos bajo la grasa. A partir de aquel momento, a los dioses se les ofrecería los huesos y la grasa de todos los animales sacrificados, mientras que los hombres se quedarían con la carne.

Zeus tuvo que conformarse con el veredicto, pero enfureció por el engaño y decidiendo que los hombres comerían la carne cruda, se negó a proporcionarles el fuego. Prometeo decidió ayudar nuevamente al hombre, robando del Olimpo el fuego de Hefesto y Atenea, para entregárselo al hombre, y enseñándole a usarlo, contribuyó al avance de la civilización.

No estando conforme en conceder el poder del fuego a los mortales, Zeus castigó a Prometeo y ordenó que lo atasen de pies y manos a una roca, en la cumbre del Cáucaso, para que un águila que él mismo enviaba cada mañana le carcomiera el hígado. Durante la noche, Prometeo sanaba de sus heridas, así día tras día, entrando en un círculo de martirio. Años después Heracles lo liberó matando al águila de un flechazo, cuando pasaba por el Cáucaso, de camino hacia el jardín de las Hespérides. Como recompensa, el titán le aconsejó que engañase a Atlas, para que fuese él quien recogiese las manzanas de oro del jardín de las Hespérides.

Pandora

De modo similar a otras tradiciones, primero se crea al hombre y luego a la mujer —Pandora, en la mitología griega—. Según Hesíodo, Zeus creó a la mujer para castigar a los hombres por haber aceptado el fuego que les ofreció Prometeo, encargando más tarde a los demás dioses que la embellecieran. Llamándola Pandora —la que lleva regalos—, se la regaló a Epimeteo junto con una vasija que no debía abrirse. Un día, movida por la curiosidad, Pandora abrió la vasija y al hacerlo liberó todos los males del mundo —desgracia, enfermedad, guerra, muerte—. Cuando quiso reaccionar, ya era demasiado tarde y dentro del recipiente ya solo quedaba la esperanza —por ello decimos que la esperanza es lo último que se pierde.

Otra versión, cuenta que esta vasija —o caja— le fue entregada a Epimeteo por Zeus, como regalo de sus esponsales con Pandora, y que contenía todos los bienes. Al abrirla, Pandora provocó que los bienes regresaran al Olimpo, en lugar de quedarse entre los mortales.

Pandora, de Jules Joseph Lefebvre (1834-1912).

Deucalión y Pirra. El diluvio.

Con Epimeteo, Pandora engendró a Pirra. Mientras Deucalión, el hijo de Prometeo y Clímene, reinaba en Ftía, Zeus enojado con la raza humana, decidió enviar un Diluvio que destruyera a los hombres, debido a sus impiedades.

Deucalión y Pirra
En una ocasión en la que Deucalión visitó a su padre en el Cáucaso, fue advertido por el titán que debía construir un arca para resguardarse de la inundación. El agua invadió la Tierra y durante nueve días estuvo sumergida bajo las aguas, después el nivel empezó a bajar y el arca de Deucalión y su esposa Pirra se posó en el monte Parnaso.

Una vez en tierra hicieron sacrificios en honor a Zeus. Satisfecho de su actuación, Zeus les comunicó —a través de Hermes— que les concedería aquello que le pidieran. Su deseo fue la restitución de la raza humana, así que Temis presentándose ante ellos les anunció cómo debían cumplir aquel deseo diciéndoles «Cubrid vuestra cabeza y arrojad hacia atrás, por encima de ella, los huesos de vuestra madre». Después de meditar y reflexionar sobre las palabras oídas, la pareja convino en que al hablar de la madre, Temis se refería a Gea, la madre Tierra, por lo que empezaron a coger piedras, al mismo tiempo que las arrojaban por encima de sus hombros. De las piedras que lanzaba Deucalión surgían hombres, de las que lanzaba Pirra, mujeres. Así fue reestablecida la humanidad. Deucalión y Pirra engendraron a Anfictión, Helén y Melantea, entre otros.

Helén
Helén, que reinó en Ftía igual que sus padres, es el héroe epónimo de los helenos y el que da nombre al pueblo griego, cuyo territorio fue denominado Hélade. Se casó con la ninfa Orseis, con la que engendró a Doro, Juto y Éolo, de los cuales descienden tres de los principales pueblos helénicos: los dorios, los jonios y los eolios.

Éolo

Hijo de Helén y la ninfa Orseís, se casó con Enáreta, con ella engendró siete hijos y cinco hijas. Sus hijos más conocidos fueron Sísifo y Cánace, quien de una relación incestuosa con su hermano Macareo tuvo un hijo que Éolo arrojó a los perros cuando descubrió el idilio entre sus dos hijos.

Sísifo

Es conocido por ser el más astuto de los hombres y por las preocupaciones que provocó a los dioses.Fundó la ciudad de Éfira, posteriormente denominada Corinto. Entre otras cosas, dedicaba su ingenio al atraco de los cándidos viajeros que pasaban por la ciudad. Casado con la pléyade Mérope, engendraron a Glauco, Órnito, Tersandro y Halmo.

Sísifo era propietario de unos rebaños espléndidos que paulatinamente eran diezmados por su vecino Autólico, pero incluso conociendo la identidad del sustractor, Sísifo no podía demostrar los hurtos, pues Hermes —el padre de Autólico— había concedido a su hijo el don de robar con astucia, hasta tal punto que se creía que podía metamorfosear —y así camuflar— parte de los animales, como su color o los cuernos. Finalmente Sísifo encontró la solución gravando una leyenda con el nombre del autor del robo —«robado por Autólico»— en el interior de las pezuñas de los animales, así cuando acudió a reclamar su ganado, le indicó a su vecino que observara el gravado de las reses y Autólico no pudo seguir negando sus pillerías. Como desagravio por lo su-

Perséfone supervisando a Sísifo mientras este empuja la roca montaña arriba. Fue el castigo que le impusieron los jueces del Hades por sus artimañas.

cedido, Sísifo entrando en casa de Autólico sedujo a su hija Anticlea —algunas versiones narran que el mismo Autólico le entregó a su hija con la esperanza de que engendrara un vástago tan perspicaz como él— naciendo de esta unión Odiseo, digno hijo de su progenitor y protagonista de numerosas aventuras relatadas principalmente en la *Odisea* y en la *Ilíada* de Homero.

Cuando a la muerte de Éolo, su hermano Salmoneo le usurpó el trono de Tesalia, Sísifo, sediento de venganza, consultó al oráculo, quien le transmitió que únicamente podría vengarse de su hermano a través de los hijos que engendrara con una de las hija de Salmoneo. De este modo, para cumplir su venganza Sísifo sedujo a su sobrina Tiro, quien al descubrir por casualidad las verdaderas intenciones de su tío, mató a los dos hijos que le había dado. Sin embargo, el vaticinio del oráculo se cumplió, pues el sagaz Sísifo —cogiendo los despojos de los infantes para calumniar a su hermano— proclamó que aquellos difuntos niños eran fruto de los amores de Salmoneo con su hija Tiro y que el mismo que los había engendrado los había asesinado para hacer desaparecer las pruebas del incesto. A causa de estas acusaciones Salmoneo fue desterrado.

Otra de las narraciones mitológicas nos cuenta el compromiso que adquirió Sísifo cuando el dios fluvial Asopo buscaba a su hija Egina. Sísifo, testigo del rapto, hizo un trato con el dios, a cambio de que abasteciera de agua la ciudadela de Corinto con una fuente revelaría el nombre del raptor. Asopo hizo brotar el manantial de Pirene y Sísifo delató a Zeus.

Zeus, furioso con el delator, envió a Tánato con la intención de mandar a Sísifo al Tártaro. Pero con su habitual perspicacia encadenó a Tánato, evitando durante varios días cualquier muerte, incidente que provocó la intervención de Zeus para rescatar a Tánato.

Una vez liberado, el primero en morir fue Sísifo, pero el héroe dispuso que su esposa Mérope no le ofreciera los honores fúnebres. Una vez en el Tártaro, Hades le recriminó que su familia no cumpliera con los ritos acostumbrados. Sísifo solicitó permiso para regresar y castigar a su mujer por tal descuido. Con esta artimaña, Sísifo consiguió volver al mundo de los vivos y solo volvería al Tártaro ya en edad avanzada, arrastrado por Hermes y a la fuerza.

Por todas estas mofas, los jueces del Hades le impusieron un castigo ejemplar que lo mantendría alejado de lucubrar nuevas tretas y fue condenado a empujar una enorme piedra hasta lo alto de una cuesta. Cuando la roca apenas tocaba la cima, rodaba hacia abajo hasta el inicio de la pendiente, obligándole a empujar de nuevo hasta la cima.

Glauco

Hijo de Sísifo y Mérope. Glauco heredó de su padre el trono de Éfira, la futura Corinto. Se casó con Eurímede con la que tuvo a Belerofontes y a Pirén.

Conocido más por las distintas formas en que se cuenta su muerte que por sus actos, algunas leyendas nos cuentan que participando en unos juegos fúnebres en honor a Pelias, fue derrotado por Yolao en una carrera de carros y devorado por sus propios caballos, ya fuera porque estos habían bebido de una fuente encantada o como un castigo impuesto por Afrodita, furiosa con Glauco por impedir a sus caballos que copulasen con fines competitivos.

Otro mito cuenta que tras beber el agua de una fuente que proporcionaba la inmortalidad, se arrojó al mar transformándose en un dios marino, que anunciaba la muerte a los marineros.

Belerofontes

Hijo de Eurímede, al igual que otros héroes griegos tiene una doble paternidad, una divina con Poseidón y Glauco como padre humano.

Aunque todas las versiones que nos narran su historia coinciden en que su expulsión de su Corinto natal fue a causa de un deceso, no hay unanimidad ni en el nombre del finado ni en si fue una muerte accidental o provocada. El fallecido pudo ser

Delíades, Pirén, Alcímedes o Bélero, señor de Corinto y del que podría derivarse el nombre de Belerofontes —matador de Bélero—.

Tras su destierro Belerofontes acudió a la corte del rey Preto, en Tirinto, para solicitar su purificación. Por desgracia Estenebea, la esposa de Preto, se enamoró del héroe e intentó seducirlo, pero al ser rechazada por Belerofontes le denunció ante su marido por acoso. Preto temiendo el castigo de las Erinias —si rompía las reglas de la hospitalidad matado a un huésped— ideó una forma de librarse del invitado, sin que el peso de su muerte cayera sobre su conciencia.

Enviándolo a la corte de su suegro Yóbates con una misiva donde le indicaba que matara al portador de la epístola. Pero tampoco Yóbates se atrevió a atacar directamente al joven, puesto que cuando leyó la carta, Belerofontes llevaba varios días alojado en su casa. En cambio, encontró la manera de seguir las instrucciones de su yerno sin comprometerse enviándolo a la caza y captura de Quimera, pensando que de este modo no regresaría vivo de tal cometido.

Belerofontes consultó a Poliido —famoso adivino corintio— quien le mostró cómo superar la prueba desvelándole que debía capturar al caballo alado Pegaso.

El modo en que Belerofontes consigue a Pegaso no es unánime, en algunas versiones se lo entrega Poseidón, en otras, Atenea, incluso existe un relato en el que Atenea le entrega un ronzal de oro para domar al corcel que se aparece bebiendo tranquilamente en la fuente de Pirene. Montado a lomos de Pegaso, Belerofontes mató a la Quimera y entre otras aventuras a las que fue enviado por Yóbates, luchó contra los sólimos y también venció a las Amazonas.

Convencido Yóbates de la valía de su invitado, le mostró la carta con el encargo de Preto, le nombró su heredero y le concedió la mano de su hija Filónoe, con la que engendró a Isandro, Hipóloco y Laodamía. Pero Belerofontes, enorgullecido de sus éxitos, montó sobre su caballo Pegaso con la intención de subir al Olimpo. Zeus castigó su exceso de *Hibris* —orgullo— enviando un insecto que picando al corcel lo encabritó acabando por tirar a su jinete. Algunas versiones cuentan que el héroe murió en la caída, otras relatan que sobrevivió ciego, cojo y agobiado por la maldición de Zeus.

Pegaso

Pegaso es un caballo alado, hijo de Poseidón y Medusa. Salió junto a su hermano Crisaor del cuello de Medusa, una vez cortado por Perseo. Otra versión del mito, supone que fue fecundado por la sangre de Medusa que cayó en la Tierra, después de ser decapitada. Tras su nacimiento, Pegaso voló hasta el Olimpo donde se puso al servicio de Zeus y estaba encargado de llevarle el trueno y el relámpago.

Tridracma de plata de Corinto del 515 a. C., representando al caballo alado Pegasus.

En la vida de este corcel el agua aparece como un tema recurrente, probablemente tenga algo que ver con su nombre, una derivación de *pegé* —fuente en griego—. A Pegaso se le atribuye la creación de la fuente de Hipocrene. En cierta ocasión, el monte Helicón —donde habitaban las Musas— crecía de orgullo al oírlas cantar, tanto que amenazaba con llegar hasta el cielo, así que Poseidón envió a Pegaso para que golpeara con sus cascos el Helicón y así retraerlo hasta sus dimensiones normales. De uno de los golpes surgió la fuente.

Después de ser capturado por Belerofonte en la fuente Pirene, de servirle en sus numerosas hazañas y de montarlo casi hasta el Olimpo, Pegaso continuó el viaje y se puso de nuevo al servicio de Zeus. Finalmente fue trasformado en constelación.

LA SAGA DE LOS ÁTRIDAS

Tántalo

Hijo de Zeus, los dioses lo invitaban frecuentemente a sus fiestas y banquetes. Reinó en el monte Sípilo de Anatolia y es conocido sobre todo por el castigo que le impusieron en el Tártaro por haber traicionado repetidamente la confianza de los dioses olímpicos, primero robando el néctar y la ambrosía para dárselos a sus amigos, luego divulgando secretos que los dioses habían comentado en su presencia, y por último —para comprobar la omnisciencia de los dioses—, sacrificó a su propio hijo Pélope y se lo ofreció en un banquete a los dioses.

La única que probó el plato fue Deméter, que preocupada por la pérdida de su hija Perséfone, se comió el hombro izquierdo del joven sin percatarse. Horrorizados por tal crimen, los dioses resucitaron a Pélope y le sustituyeron el hombro ingerido por uno de marfil fabricado por Hefesto.

Cuando negó haber recibido un perro de oro que Zeus tenía desde su niñez y que había sido robado por Pandáreo, el dios supremo del Olimpo lo aplastó con una roca que pendía del monte Sípilo y arruinó su reino. Una vez muerto, su condena

Tántalo, en un grabado de Goya.

eterna por todos los crímenes cometidos fue la de padecer hambre y sed a perpetuidad. Fue enviado al Tártaro, donde estaba sumergido en un lago, cerca de un árbol con deliciosos frutos y cuando intentaba beber, el agua se retiraba y cuando intentaba comer, se apartaban los frutos.

Pélope

Poseidón, enamorado de él, lo llevó al Olimpo, donde le enseñó a conducir su divino carro. Más tarde Zeus, lo expulsó del lugar, enfadado porque su padre, Tántalo, había robado el alimento de los dioses para dárselo a sus súbditos en la tierra y revelado los secretos que había oído de ellos. Aún así, como recuerdo de su estancia, se llevó del Olimpo unos caballos espléndidos —una ofrenda de amor de Poseidón—.

Pélope.

Con los corceles que le regaló Poseidón compitió por la mano de Hipodamía con el padre de la joven, el rey Enómao. Con la ayuda del áuriga de este —Mírtilo— Pélope ganaría la carrera y Enómao moriría en la competición. Pélope se desposó con Hipodamía, y reinando juntos en Pisa, de su relación nacerán sus hijos más conocidos, Atreo, Crisipo y Tiestes.

Atreo

Da nombre a la saga de los Átridas, una de las más conocidas de la mitología griega. Atreo y Tiestes mataron a su hermano Crisipo instigados por Hipodamía. Cuando Pélope supo lo ocurrido los desterró.

En su exilio llegaron a Micenas donde fueron acogidos por el rey Estémelo. A la muerte del rey, el oráculo vaticinó que el heredero de Micenas debía ser el hijo de Pélope que tuviera en su poder un vellocino de oro, símbolo monárquico. Atreo era el que poseía el vellón, pero su esposa Aérope se lo sustrajo para entregárselo a su amante Tiestes. Al tener en su poder el vellocino de oro, Tiestes fue coronado rey de Micenas. Ese mismo día por la noche, Atreo recibió un mensaje de Zeus —por mediación de Hermes— para que propusiera una prueba en su nombre, si al día siguiente se ponía el sol por el Este, Atreo se convertiría en soberano, si se ponía por donde siempre, el soberano sería Tiestes. Al día siguiente, el sol cambió su curso habitual, quedando clara la preferencia de los dioses y Atreo fue coronado rey de Micenas.

Una vez coronado, Atreo expulsó a Tiestes y lanzó al mar a Aérope, con la que había tenido a Agamenón, Menelao y Anaxibia.

Un tiempo más tarde, fingiendo reconciliarse con Tiestes, lo mandó llamar y en su honor celebró un banquete en el que sirvió los tres hijos de su hermano cocinados, Áglao, Calileonte y Orcómeno. Tiestes comió sin darse cuenta de que el alimento que ingería eran sus hijos hasta que —finalizado el banquete— Atreo le mostró las cabezas de los niños.

Huyendo lleno de rabia y pensando en el desquite, Tiestes consultó al oráculo, quien le manifestó que solo conseguiría vengarse a través de un hijo concebido por él con su hija Pelopia. Presto al ajuste de cuentas y protegido por la oscuridad de la noche, violó a su propia hija. Durante la agresión, Pelopia consiguió arrebatar la espada del que la forzó.

Al paso de algunos años, Atreo se casó con su sobrina Pelopia y adoptó a Egisto, fruto de la violación sufrida por la joven. Egisto fue criado como un hijo más para Atreo, y cuando se hizo mayor su madre le entregó la espada que le había sustraído a su violador.

Mientras, Atreo encargó a Agamenón y Menelao que trajeran a su tío Tiestes a Micenas, donde sería juzgado y sentenciado a muerte. El verdugo designado para ejecutar la sentencia fue Egisto, pero en el momento de ejecutarla Tiestes —reconociendo su espada— le contó la verdad. Egisto relató a su madre la historia que le había contado Tiestes y Pelopia —horrorizada por el incesto— se suicidó. Egisto por su parte mató a Atreo y coronó en su lugar a Tiestes, su padre. Con Tiestes firmemente asentado en el trono de Micenas, Agamenón y Menelao se vieron obligados a huir dirigiendo sus pasos hacia Esparta, donde el rey Tindáreo los recibió cordialmente, pues él mismo también había pasado por algo similar.

Tindáreo

Expulsado de su reino por su hermano Hipocoonte, permaneció en el exilio hasta que Heracles mató al hermano de Tindáreo y le restituyó el reino. En su ausencia de Esparta Tindáreo fue acogido por Testio, rey de Calidón, casándose con su hija Leda.

Narra el mito que en una misma noche Leda se unió a su esposo Tindáreo y a Zeus, que la había poseído transformándose en cisne. De esta unión habrían nacido dos huevos, de uno salieron Pólux y Helena, hijos de Zeus y del otro Cástor y Clitemestra, hijos de Tindáreo. O según otra versión de un huevo habrían nacido Cástor y Pólux y del otro Helena y Clitemestra. Se contaba que el desmedido apetito sexual que posteriormente caracterizó a sus hijas, se debía a que Tindáreo —en un sacrificio que hizo en honor a los dioses— había olvidado a Afrodita, atrayendo su ira divina hacia las jóvenes.

Dioscuros

Jóvenes de gran belleza, Cástor y Pólux aparecen en numerosas aventuras juntos siempre bajo el nombre de Dioscuros. Cástor destacaba en el manejo de las armas y Pólux en el pugilato. Estos hermanos se amaban afectuosamente y siempre se prestaban ayuda recíproca.

Los Dioscuros salvaron a su hermana Helena cuando esta fue raptada por Teseo, participaron en la cacería del jabalí de Calidón y también fueron parte de la tripulación de los Argonautas. En varios mitos y de distinta manera se relata la muerte de Cástor y cómo Pólux, no pudiendo soporta la vida sin su hermano, renuncia a la inmortalidad —a la que tiene derecho por ser hijo de Zeus—. Finalmente se les concede compartir el destino, de manera que ambos pasan la mitad del año entre los vivos y la otra mitad en el Hades.

Agamenón

Tindáreo puso a disposición de los dos hermanos, Agamenón y Menelao, un ejército con el que lograron derrocar a su tío Tiestes. Agamenón fue nombrado rey de Argos en lugar de Tiestes. A partir de ese momento se producen una cadena de acontecimientos que culminarán con la muerte de Agamenón. El primero es su matrimonio con Clitemestra, hija de Tindáreo.

Agamenón había matado al primer esposo de Clitemestra y a los hijos que ambos habían tenido durante su matrimonio, por lo que fue obligado por los Dioscuros a desposarse con la viuda. Debido a que fue obligada a casarse con el asesino de su familia, Clitemestra llegó al matrimonio odiando a su futuro esposo y a pesar de ello le dio varios hijos, Ifigenia, Electra y Orestes, entre otros vástagos no tan conocidos.

Por otro lado, Tindáreo obligó a todos los pretendientes de Helena a hacer un juramento por el cual se comprometían a respetar y a proteger al elegido. El escogido fue Menelao. Tiempo más tarde, Paris con ayuda de Afrodita raptaría a Helena, y por la ética del compromiso adquirido ante Tindáreo por los antiguos pretendientes, entre los que se encontraban casi todos los príncipes y reyes griegos, se vieron obligados a apoyar a Menelao en una expedición para recuperar a Helena, que había sido llevada a Troya.

Agamenón fue nombrado jefe supremo de la expedición. Pero una prolongada calma de las aguas impedía que la flota saliera del puerto de Áulide, donde estaba replegada. Consultado el adivino Calcante, desveló que la calma se debía al enojo que Agamenón había despertado en Artemisa. La diosa se sentía ofendida porque Agamenón en una ocasión se vanaglorió de tener mejor puntería que ella. Para calmar sus iras, Artemisa exigía el sacrificio de Ifigenia en su honor. Presionado por los demás líderes, Agamenón accedió a tal sacrificio y por fin la flota pudo zarpar hacia Troya. El sacrificio de Ifigenia enardeció por segunda vez el odio de Clitemestra contra su esposo que recién partido para Troya, estaba ajeno a la aventura amorosa de su esposa con Egisto.

En el décimo año del asedio a Troya —momento en el que la *Ilíada* empieza el relato de esta campaña—, Agamenón recibe la visita de Crises —sacerdote de Apolo— con la pretensión de recuperar a su hija cautiva Criseida a cambio de un rescate. Como Criseida es la concubina favorita de Agamenón, este despide de malas maneras a Crises, despertando las iras de Apolo que envía a los aqueos una peste que diezmará su ejército. Consultado el adivino Calcante, este vaticina que la peste cesará cuando Criseida sea devuelta a su padre y ante la negativa de Agamenón, los líderes griegos crean una co-

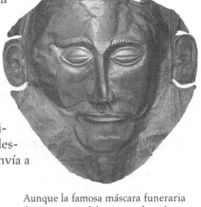

Aunque la famosa máscara funeraria de Agamenón debe su nombre al héroe griego, en realidad se ha descubierto que es de unos siglos antes de la época en que se sitúa la Guerra de Troya.

misión encabezada por Aquiles que obliga a Agamenón a devolver a la cautiva. Resentido por la humillación, Agamenón le quita su concubina Briseida a Aquiles y este, indignado, abandona la batalla. Por más satisfacciones que le promete Agamenón, se niega a combatir. Finalmente, el deseo de vengar la muerte de su querido amigo Patroclo conseguirá que el héroe regrese al campo de batalla. En honor a Patroclo Aquiles matará a Héctor.

Terminada la guerra de Troya, Agamenón regresa a sus posesiones con Casandra, una hija de Príamo de la que —habiéndole sido adjudicada como parte del botín— se había enamorado y con la que había tenido dos hijos gemelos. Casandra —a quien Apolo le había concedido el don de la clarividencia, pero al mismo tiempo la había condenado a no ser creía— vaticinó la caída de Troya a causa de su hermano Paris, advirtió a sus compatriotas contra el caballo de madera y finalmente predijo la muerte de Agamenón, la suya propia y la de sus dos hijos en Argos, pero nunca se la escuchó.

Al llegar a Argos, Clitemestra dispensó a su esposo una gran acogida, pero esa misma noche, con ayuda de su amante Egisto, mató a Agamenón, a Casandra y a los dos gemelos que habían tenido.

Electra

Hija de Agamenón y Clitemestra, hermana de Ifigenia, de Laodice y de Orestes, fue maltratada por su madre y por el amante de esta, en ausencia de su padre, mientras este estaba en la campaña de Troya. Muerto Agamenón, Electra, temiendo por la vida de su hermano pequeño Orestes, se lo confió a su tío Estrofio, rey de la Fócide, para que lo ocultara. Orestes se criará en la corte de su tío junto a su primo Pílades, con el que establecerá una gran amistad.

A través de los años va madurando su venganza, hasta que un día en que visita la tumba de su padre coincide allí con Orestes. Electra lo reconoce y entre los dos trazan un plan para vengarse de los asesinos. Cierto día Orestes y Pílades aparecen en palacio con unas cenizas anunciando que son las de Orestes, muerto al participar en unos juegos deportivos. Aprovechando el alivio y regocijo que la noticia produce en los amantes traidores, Orestes lleva a cabo su venganza matando a su madre Clitemestra y a su amante Egisto.

Según algunas versiones Electra terminará casándose con Pílades con el que tendrá dos hijos.

Orestes

Después de ajusticiar a Clitemestra y a Egisto, las Erinias persiguen a Orestes implacablemente hasta que lo hacen enloquecer. Orestes y Electra son acusados de parricidio y juzgados por el tribunal de Areópago, donde se salvan por la eficaz defensa que les brinda Apolo. En otra versión, Orestes es obligado por su abuelo Tindáreo a comparecer ante la asamblea de Argos, donde de nuevo es salvado por Apolo.

Absuelto de su culpa ante los hombres, Orestes consulta el oráculo de Delfos buscando una purificación que le libre de la locura. El oráculo le ordena que vaya a Táuride, al santuario de Artemisa Taurópola y que robe la imagen de la diosa. Como en todos sus viajes Orestes es acompañado por Pílades. Una vez que ambos llegan a Táuride las versiones del mito divergen de nuevo. En unas, Orestes muere a manos de su hermana Ifigenia y en otras, Ifigenia le reconoce y huye con él llevándose la imagen de la diosa. En esta última, a su llegada a Micenas, Orestes mata a Aletes —hijo de Egisto— que ahora ocupa el trono. De esta manera Orestes conquista el trono de Micenas.

Orestes estuvo casado primero con Erígone —hija de Egisto— y más tarde, tras matar a Neoptólemo se casó con la esposa de este, Hermíone, con la que Orestes ya había estado comprometido anteriormente.

Ifigenia

Primogénita de Agamenón y Clitemestra. La desdicha estaba marcada en el destino de Ifigenia desde su nacimiento, pues su padre prometió sacrificar en honor a Artemisa lo más hermoso que naciera ese año. Lo más hermoso que nació fue Ifigenia, pero Agamenón incumpliendo su promesa sacrificó en su lugar un animal. Artemisa aprovechó la expedición de los aqueos hacia Troya para castigar a Agamenón.

La flota de los aqueos se hallaba reunida en Áulide, pero una prolongada calma en el mar, provocada por Artemisa, les

Orestes y Pílades ante Ifigenia, en Tauris.

impedía zarpar. Para calmar su ira la diosa exigía la inmolación de Ifigenia en su honor. Agamenón resignado a perder a su hija, mandó llamar a Ifigenia con el pretexto de casarla con Aquiles. Una vez en Áulide la muchacha fue informada de su certero destino, al que se sometió sin protestas por el bien de la expedición.

En algunas versiones Ifigenia muere en el sacrificio, en otras, Artemisa finalmente se compadece de la joven doncella y en el momento de su inmolación la envuelve en una nube que impide ver a los presentes su salvación. La diosa la transporta al país de los Tauros —Tauris— y la convierte en sacerdotisa del templo de Artemisa Taurópola.

Los extranjeros que se aventuraban a pasar por Tauris eran capturados, decapitados y sus cabezas expuestas en estacas. Si los intrusos eran de sangre real la sacerdotisa de Artemisa los degollaba personalmente.

Aquí llegaron Orestes y Pílades para apoderarse de la imagen de Atemisa tal como había indicado el oráculo. Mientras estaban ocupados en su cometido fueron sorprendidos, capturados y puestos a disposición de Ifigenia para ser sacrificados. Tras reconocer a su hermano, Ifigenia hace creer al rey que los prisioneros son impuros al pesar un delito de sangre sobre ellos y que debe purificarlos, junto con la estatua, con agua del mar para que el sacrificio sea aceptado. Aprovechando esta estratagema Ifigenia huye con los prisioneros y la imagen de la diosa. La tradición más extendida cuenta que Ifigenia estableció un nuevo santuario con la imagen de la diosa en Braurón y que allí murió, de nuevo como sacerdotisa de Artemisa.

Tetis

Hija de Nereo y Dóride, es la más conocida de las Nereidas y nieta de la titánide Tetis. Había sido criada por Hera y numerosos dioses la pretendieron, pero cuando Temis anunció que el hijo que tuviese Tetis sería mucho más poderoso que su padre, los dioses temerosos de las consecuencias decidieron unirla a un mortal.

El escogido fue Peleo, rey de Ftía. Sabedores los dioses de que Tetis no aceptaría de buen grado un matrimonio que la humillaba, el centauro Quirón aconsejó a su joven e inteligente discípulo que atrapase a la nereida cuando ésta estuviera descuidada atándola fuertemente para evitar que escapase cambiando de forma. Así lo hizo Peleo, y Tetis intentando zafarse del lazo de Peleo tomó diversas formas —se transformó sucesivamente en fuego, agua, viento, tigre, león, serpiente, pájaro e incluso en un octópodo—, pero Peleo se mantuvo firme.

Finalmente resignada a su suerte consintió en casarse con él, aunque sin interés. La boda se celebró en el monte Pelión a la que asistieron todos los dioses, pero hubo un fatal descuido, olvidaron invitar a Éride quien a modo de desquite, lanzando una manzana en la que rezaba la leyenda «para la más bella», provocó una disputa entre Hera, Afrodita y Atenea.

El matrimonio no fue feliz, porque cuando tenían un hijo Tetis intentaba convertirlo en inmortal quemando su parte mortal. Ya había matado a seis hijos sumergiéndoles en el fuego divino. Peleo logró salvar a su séptimo hijo, Aquiles, antes de que el fuego divino lo dañara. Tetis, enojada por la interrupción, abandonó a Peleo y regresó junto sus hermanas —las nereidas— en las profundidades del mar. Aunque no logró que Aquiles fuese inmortal lo amó entrañablemente y el héroe siempre contó con su ayuda y sus cuidados.

Aquiles

Forma parte de los grandes héroes que nos ofrecen los mitos griegos y es uno de los protagonistas que la *Ilíada* de Homero presenta como el más valiente de los guerreros que participaron en la campaña de Troya.

Sobre su invulnerabilidad hay distintas versiones, uno de los relatos narra que su madre Tetis lo sumergió en las aguas del río Éstige para conferirle la inmortalidad, pero su talón —que no había tocado las aguas por ser el sitio por donde lo sujetaba su madre— permaneció vulnerable. Otra versión nos cuenta cómo Tetis —intentando quemar la parte mortal que

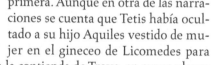

había heredado de su padre Peleo— había introducido al niño en el fuego divino y había sido sorprendida por su esposo, quien rescatando al niño cuando solo se había dañado su talón, acudió pidiendo ayuda a Quirón y este sustituyó el hueso quemado por el de un gigante famoso por su velocidad, cualidad que se transfirió a Aquiles. Posteriormente ambas versiones aparecen fundidas en una que concede a Aquiles la invulnerabilidad a excepción del talón, pero que lo dota de una gran velocidad en virtud del hueso sustituido.

Después de la separación de sus padres Aquiles será educado por el centauro Quirón. Ya en edad adulta, Aquiles tendrá la opción de elegir entre tener un vida corta, pero llena de honores, o una larga existencia pasando desapercibido entre el resto de los mortales. El héroe eligirá la primera. Aunque en otra de las narraciones se cuenta que Tetis había ocultado a su hijo Aquiles vestido de mujer en el gineceo de Licomedes para evitar que participara en la contienda de Troya, en cuyas playas el oráculo había augurado su muerte. Pero disfrazado de mercader, Odiseo llega a Esciro —reino de Licomedes— donde reconoce al joven guerrero consiguiendo que se una a la expedición.

Áyax el grande, carga con el cuerpo de Aquiles, tras su muerte.

En Áulide Aquiles se enfrentó por primera vez a Agamenón, que había atraído a Ifigenia con la promesa de casarla con Aquiles. El héroe ofendido por haber empleado su nombre como engaño para inmolar a la muchacha, intentó infructuosamente salvar a la joven.

Durante el asedio de Troya Aquiles tuvo una actuación victoriosa y en el décimo año del asedio, de nuevo se enfrentó a

Agamenón obligándole a devolver a la cautiva Criseida, provocando que el átrida en revancha le quitara a Briseida —la concubina preferida de Aquiles—. Ofendido por la acción de Agamenón, el líder de los mirmidones se retiró de la campaña y solo volvió para desagraviar la muerte de su amigo Patroclo. En su venganza mató a Héctor, primogénito del rey troyano. Aquiles muere cuando acude a una cita amorosa y —desprevenido— una flecha lanzada por Paris le alcanza el talón, su única parte vulnerable.

La tradición dice que finalmente su madre lo hizo inmortal y lo llevó a los Campos Eliseos.

El juicio de Paris

Tiene lugar en las bodas de Tetis y Peleo, donde Éride —indignada por no haber sido invitada a los esponsales de la nereida y el rey— lanzó una manzana entre Hera, Afrodita y Atenea, con la leyenda «para la más bella», surgió una disputa entre las tres diosas, pues todas creían tener más derecho a la manzana que sus rivales. Como los dioses no querían enemistarse con ninguna de ellas, Zeus dispuso que Paris, el joven y hermoso príncipe troyano resolviera el conflicto. Suceso que posteriormente fue denominado el juicio de Paris y que trajo funestas consecuencias para Troya.

Las tres diosas acompañadas por Hermes se dirigieron al monte Ida —donde se encontraba Paris— para que emitiera su veredicto. A cambio de otorgarle a ella la manzana, Hera le ofrecía el dominio del Universo, Atenea, sabiduría y éxito absoluto y Afrodita, el amor de la hermosa Helena, la mujer más bella de la Tierra.

Detalle de *El juicio de Paris*. Grabado de Marcantonio Raimondi, 1516.

Paris escogió la oferta de Afrodita, así que le concedió la manzana de la discordia a la diosa del amor.

Concluye así el pleito entre las tres diosas dando lugar al inicio de la contienda de Troya, llena de escaramuzas y trifulcas, puesto que Helena estaba casada y para obtenerla, Paris tuvo que raptarla.

Paris

Hijo menor de los reyes de Troya, Príamo y Hécuba, fue abandonado en el monte Ida por un sueño que tuvo su madre antes de su nacimiento —considerado un mal presagio— en el que visionó que engendraba un hachón de esparto en llamas, provocando el incendio de Troya.

El joven creció entre pastores y ya en edad adulta, en cierta ocasión decidió participar en unos juegos deportivos organizados por su padre. Paris salió vencedor de los juegos y en el transcurso de ellos fue reconocido por su hermana Casandra. Príamo estaba tan contento de recuperar a su hijo que desoyó las voces que le recordaban las razones de su abandono. Paris recuperó su rango de príncipe y un día que pastoreaba los rebaños de su padre, se vio obligado a asignar la manzana lanzada por Éride.

A pesar de la oposición de Casandra que auguraba grandes males con el viaje, Paris consiguió ser incluido en una embajada amistosa enviada a Esparta. Una vez allí aprovechando la ausencia de Menelao, Paris sedujo a Helena huyendo con ella a Troya, donde fueron muy bien recibidos por Príamo, que se enfrentaría a los aqueos en la famosa guerra de Troya para proteger a los amantes.

El comportamiento de Paris en la contienda no siempre fue victorioso, a menudo sus hermanos se burlaban de él por sus débiles ademanes en la batalla. Sin embargo, fue Paris quien logró acabar con Aquiles lanzándole una flecha a traición alcanzándole el talón, su punto débil. Poco más tarde, el príncipe troyano fue abatido por Filoctetes con las flechas envenenadas de Heracles.

Helena

Hija de Zeus y Leda, fue la mujer más hermosa de su tiempo. Criada por su madre y su esposo Tindáreo, rey de Esparta, todos los sucesos en relación a su persona están marcados por las acciones de los hombres que la codiciaron.

Siendo solo una niña, los héroes Teseo y Pirítoo la raptaron y se la sortearon, ganándola Teseo. Al incluir el acuerdo entre ambos que quien se la quedase ayudaría al otro a casarse con otra hija de Zeus, Teseo dejó a Helena al cuidado de su madre Etra y marchó con Pirítoo al Hades, esperando raptar a Perséfone para que fuera la esposa de su compañero. La empresa fue funesta para los héroes, Teseo tuvo que permanecer en los infiernos hasta que Heracles lo rescató y Pirítoo no pudo regresar jamás. Mientras, los Dioscuros —hermanos de Helena— la localizaron y regresaron con ella a Esparta raptando al mismo tiempo a Etra.

Cuando tuvo edad de casarse, prácticamente todos los caudillos griegos solicitaron su mano. Tindáreo temeroso de crearse comprometidas antipatías, hizo jurar a todos los pretendientes —siguiendo el consejo de Odiseo— que respetarían y protegerían al elegido de Helena. El elegido fue Menelao y con él, Helena reinaría en Esparta durante nueve años. Al noveno año —mientras Menelao asistía a unos funerales en Creta—, Paris llegó a Esparta con una embajada de Troya. Enamoró a Helena y huyó con ella a Troya —además de apropiarse de gran parte de los tesoros de Menelao—.

Príamo, rey de Troya, protegiendo a los amantes, desoyó todas las embajadas que mandaron los aqueos exigiendo la devolución de Helena y los tesoros, lo que motivaría el inicio del conflicto troyano.

Paris y Helena vivieron como legítimos esposos y cuando este murió a manos de Filoctetes, Helena fue entregada como esposa a Deífobo, otro hijo de Príamo. Héleno que se creía con más derecho que su hermano pequeño a quedarase con Helena, se sintió tan ofendido que se marchó de Troya y —forzado o no— ayudó a los aqueos a tomar la ciudad. También Helena al final de la contienda prestó ayuda a sus compatriotas.

Terminada la guerra, Menelao perdonó a su esposa y volvieron juntos a Esparta. Según Eurípides en su obra *Helena*, Paris y Helena nunca se habían unido. Pues Hera había fabricado una doble de la bella muchacha siendo esta la que había huído con Paris, mientras que la verdadera Helena era llevada a Egipto donde vivió bajo la protección del rey Proteo hasta que su esposo a su regreso de Troya la encontró.

En otra versión de la historia, el mismo Eurípides —en *Orestes*— cuenta que al regresar de Troya, Helena y Menelao se detuvieron en Argos, donde se estaba celebrando el juicio de Orestes, sobrino de Menelao. Menelao recibió una petición de ayuda por parte de su sobrino, pero el soberano de Esparta no se la concedió, alegando que sus tropas estaban exhaustas. Enfurecido, Orestes mató a Helena y cuando iba a repetir el crimen con Hermíone —hija de Menelao y Helena—, Apolo la salvó oportunamente, proclamando que Helena sería llevada junto a los dioses y concertó el matrimonio entre Orestes y Hermíone para conciliar a las dos partes de la familia.

Las versiones del mito de Helena son muchas —Pausanias narra el destierro de Helena y su triste final en la horca, una vez finalizada la contienda de Troya—, pero normalmente sue-

El amor de Helena y Paris (detalle), de Jacques-Louis David (1788, Louvre, Paris)

len coincidir en que Helena finalmente es divinizada y vive junto a los dioses en los Campos Elíseos —incluso en alguna versión se afirma que allí está desposada con Aquiles—.

Menelao

El menor de los pelópidas fue propuesto por su hermano Agamenón como esposo para Helena. Los pretendientes de la muchacha eran numerosos, pero el elegido fue Menelao, bien por la propia predilección de Helena o por la coacción de Tindáreo y Agamenón.

Tras la muerte y divinización de los Dioscuros, Menelao también obtuvo como legado Esparta, donde los esposos vivieron en armonía —aunque sobre las hijas de Tindáreo pesaba una maldición de Afrodita que las forzaba al adulterio—.

Con motivo de una peste que se desató en Esparta, Menelao se vio obligado a desplazarse a Troya para hacer sacrificios en honor a Lico y Quimero —héroes enterrados en Troya— pues el oráculo predijo que la peste remitiría solo si se cumplían dichos sacrificios. En Troya fue acogido con hospitalidad, por lo que respondió al honor invitando a sus anfitriones a Esparta.

Una embajada troyana, entre los que se encontraba Paris, llegó a Esparta justo cuando Menelao se encontraba en Creta asistiendo a los funerales de su abuelo. Esta ausencia fue aprovechada por Paris para perpetrar los incidentes que provocarían las iras del monarca espartano. Tras fracasar las embajadas enviadas a Troya para resolver el atrevimiento de Paris, Menelao congregó la flota griega en Áulide cediéndole el mando a su hermano —más amigo de honores que el propio Menelao y con un carácter más fuerte y atrevido—.

Durante la campaña actuó de forma valerosa, luchó frente a Paris —lo hubiera matado si Afrodita no hubiese intercedido a favor de Paris— y fue uno de los guerreros que entró en Troya dentro del caballo de madera. Mató a Deífobo, el último marido de Helena, y también quería matarla a ella, pero al verla de nuevo, la perdonó. Al final de su existencia terrenal fue divinizado igual que su hermano Agamenón.

La estirpe de Ínaco y los héroes de la Argólide

A la zona de la región del Peloponeso que rodea la ciudad de Argos —que toma su nombre de un hijo de Zeus y Níobe llamado, Argo— se la llama Argólide y sus habitantes son denominados argivos. La argiva es la más antigua de las estirpes heroicas griegas. A esta saga —que reina en Argos casi interrumpidamente y se inicia con el dios-ríos Ínaco— pertenecen míticos personajes como Io, Perseo o Heracles.

Ínaco

Hijo de Tetis y Océano, es un oceánida —dios-río— situado en la Argólide. Nombrado juez junto a sus hermanos Asterión y Cefiso en la disputa entre Poseidón y Hera por la supremacía de dicho territorio, su veredicto favoreció a la diosa y disgustó a Poseidón que provocaría la sequía en el cauce del Ínaco durante el verano.

Según algunos relatos, es anterior a la raza humana, según otros es contemporáneo de Erictonio y de Eumolpo, e incluso otras narraciones lo sitúan después del diluvio, ayudando a los supervivientes a establecerse en los aledaños de las aguas que llevarían su nombre. Sea como fuere, Ínaco reinó en Argos junto a su esposa, la oceánide Melia con la que tuvo a Foroneo, Egialeo, Micena, Argos, Pelasgo, Caso e Io.

Una de las leyendas narra cómo la gran tristeza que provocó en él las desventuras de su hija Io le indujo a querer vengarse de Zeus y este, en castigo, envió a la erinia Tisífone para atormentarlo, con un desafortunado desenlace para Ínaco que, enloquecido, se arrojó al río Haliacmón. A partir de aquel momento el río cambió de nombre para llamarse Ínaco.

Io

Princesa perteneciente a la estirpe de Ínaco, era sacerdotisa de la Hera Argiva de la que Zeus se enamoró perdidamente. Io recibió la orden —a través de un sueño— de trasladarse a orillas del lago Lerna donde debería entregarse a Zeus. La joven don-

Io —representada por una vaca— y Hermes, en una pintura del año 540 a. C.

cella le contó el sueño a su padre quien siguiendo el consejo de los oráculos de Delfos y Dodona, mandó a su hija que obedeciera para evitar el enfado del Zeus.

Mientras Zeus e Io se hallaban abstraídos en sus retozos amorosos, apareció Hera con el propósito de sorprender a su esposo en una de sus usuales infidelidades. Zeus con la intención de proteger a la muchacha, la metamorfoseó en una espléndida vaca blanca. Hera, simulando admirar al magnífico animal, alentó a su marido para que se lo entregara como obsequio y posteriormente confió la vigilancia de la ternera a Argo Panoptes —el de los cien ojos—.

Zeus, decidido a restituirle su verdadera forma a su pretendida, envió a Hermes para que recuperase el animal, así que Hermes adormeció a Argo con una melodía y cuando estuvo aletargado le asestó una fatal puñalada con su cimitarra. Hera, advertida de lo sucedido, envió un insecto para que picara sin cesar a la vaca y en recuerdo de Argos colocó sus 100 ojos en su animal emblemático, el pavo real —que desde entonces luce dichos ojos en su cola—. Io, furiosa por las picaduras del insecto enviado por Hera salió a la carrera, y pasando por Dodona, vadeó el Bósforo —que significa paso de la vaca—, traspasó Asia

Menor, la India y Arabia, llegando por fin a Egipto, donde Zeus le retornó la forma humana, alumbró a un hijo de Zeus —Épafo—, reinó y fue venerada bajo el nombre de Isis.

Épafo

Como hijo de Zeus e Io Hera —que persigue tanto a las amantes de su esposo, como a los hijos que tiene con estas— encargó a los Curetes su rapto. A pesar de la búsqueda sin descanso de su hijo, Io no logró encontrarlo y en venganza Zeus mató a los Curetes, tras lo cual Io emprendió de nuevo sus indagaciones, averiguando, por fin, que Épafo estaba siendo criado por Biblo —la esposa del rey de Siria—, a quien fue reclamado regresando con su madre a Egipto, donde reinaría tras la muerte de su padre adoptivo Telégono y venerado como Apis. Se casó con Menfis con quien tuvo a Lisianasa, Tebe y Libia —ninfa epónima de Libia de la cual proceden Agenor y Belo, los dos héroes míticos de Fenicia y Egipto, hijos de Poseidón—.

Dánao, Egipto y sus descendientes

Hijos de Belo y Anquíone, una hija del dios-río Nilo. Dánao recibió de su padre Libia, engendró cincuenta hijas —fruto de distintas relaciones amorosas— que fueron llamadas Danaides. A su vez, Egipto recibió Arabia, posteriormente sometió la región de los melámpodes, a la que llamó Egipto y como su hermano tuvo cincuenta hijos de distintas madres. A la muerte de Belo, los dos hermanos se disputaron la herencia de su padre.

Advertido por un oráculo y aconsejado por Atenea, Dánao construyó un barco con cincuenta remos con el que huyó junto a sus hijas de los cincuenta hijos de Egipto, llegando hasta Argos, donde conseguiría erigirse en soberano tras la cesión del trono por parte del rey Gelanor, ya fuere de buen grado o a razón de algún hecho prodigioso. Según cuentan una de las versiones del mito, la llegada repentina a la ciudad de Argos de un lobo que atacó un rebaño y después saltó sobre un toro, al que dominó fue el suceso asombroso que se produjo y —estableciendo un paralelismo entre el lobo que llegó, atacó y venció con la llegada de Dánao— fue interpretado por los argivos como un claro signo que señalaba a Dánao merecedor del trono de Argos y le entregaron el trono. En agradecimiento, Dánao erigió un santuario en honor de Apolo Licio —Apolo el lobo—.

Algún tiempo después llegaron a Argos los cincuenta hijos de Egipto, que propusieron como señal de buena voluntad un matrimonio multiple entre ellos y las cincuenta hijas de Dánao. Coaccionado, Dánao se vio obligado a acceder, pero la noche de las nupcias entregó a cada una de sus hijas un puñal ordenándoles que esa misma noche dieran muerte a sus maridos. Así lo hicieron todas con excepción de Hipermestra, que salvó la vida a Linceo en agradecimiento por haberla respetado. Linceo huyó de Argos e Hipermestra, por su desobediencia, fue sometida a juicio y absuelta por los argivos. Egipto, apesadumbrado por la muerte de sus descendientes y temeroso de su hermano Dánao, se retiró a Ároe, donde murió.

Hermes y Atenea purificaron del crimen a las Danaides y su padre Dánao organizó unos juegos para encontrarles marido, donde el premio para los vencedores fueron las propias jóvenes. Los descendientes de estas uniones fueron llamados dánaos, pueblo que sustituyó al de los pelasgos.

Cuando pasados unos años Linceo regresó a Argos, Dánao aceptó que desposara a Hipermestra —junto a quien engendraría a Abante—. Linceo reinó en la Argólide, ya fuera porque se reconcilió con su suegro o porque —según alguna de las versiones— mató a Dánao y a las Danaides en desagravio por la muerte de sus hermanos.

Abante

Tras la muerte de su padre Linceo, heredó el trono y junto a su esposa Aglaya tuvo a los gemelos Acrisio y Preto. Estos hermanos mantuvieron —incluso antes de nacer— una relación de odio similar al que con anterioridad se profesaron Dánao y Egipto.

Su fama como guerrero era tal que le bastaba mostrar su escudo al enemigo para que este huyera amedrentado. Legó su reino a sus dos hijos ordenando una alternancia en la posesión del trono que Acrisio se negó a cumplir expulsando a su hermano Preto del país, quien no tardó en organizar un ejército con la ayuda de Yóbates, precipitándolo contra Argos. La cruenta batalla no trajo la victoria a ninguno de los dos bandos, por lo que al final decidieron partir la herencia. De este modo Acrisio reinó a partir de ese momento en Argos y Preto en Tirinto.

Acrisio

Soberano de Argos, su esposa Eurídice le había dado una hija, pero él deseaba tener un hijo, así que consultó al oráculo, el cual le revelaría que tendría un varón de su sangre a través de su hija Dánae, pero precisamente su nieto sería el que le quitaría la vida.

Para impedir que se cumpliera el vaticinio del oráculo, Acrisio encerró bajo llave a su hija en una cámara de bronce subterránea, guardada por perros salvajes. Sin embargo, a pesar de su cautela no pudo evitar que Dánae se quedara embarazada —de Zeus o de su tío Preto—. Zeus, enamorado de la joven, se introdujo en la mazmorra bajo la forma de una lluvia de oro para satisfacer su pasión.

A pesar de los esfuerzos de Dánae por ocultar su embarazo y posterior parto, llegó un día en que Acrisio oyó el llanto del niño. Acrisio no creyó que el hijo fuera de Zeus ya que antes de la clausura de su hija su tío Preto la había seducido. Ofuscado por el descubrimiento, Acrisio introdujo a Dánae junto a su hijo Perseo en un arcón y lanzándolo al mar creyó haber resuelto el augurio de su muerte. Pero el cofre flotó a la deriva hasta llegar a orillas de la isla de Sérifos, donde se enredó en las redes de un pescador llamado Dictis, quien tras liberarlos, los acogió en su casa y se hizo responsable de la educación de Perseo y este creció feliz en la isla bajo la protección de Dictis.

Perseo

En cierta ocasión, acudió a Argos con intención de conocer a su abuelo, pero el rey, temeroso, partió hacia Larisa con el fin de evitar el encuentro. Una vez en Larisa, Acrisio acudió a unos juegos organizados por el rey Teutámides, en los que casualmente participaba Perseo. Durante la prueba del lanzamiento de disco, una ráfaga de viento desvió su órbita y alcanzó a Acrisio, quien murió al instante. Perseo, muy compungido por lo sucedido, dio sepultura a su abuelo en los alrededores de Larisa.

Cuando Polidectes —hermano de Dictis y rey de Sérifos— pretendiendo seducir a Dánae la acosaba constantemente, Perseo tuvo que defenderla en múltiples ocasiones. Ante el rechazo de Dánae a desposarse con él y la impotencia que le provocaba no poderla tomar tampoco por la fuerza, mientras la protegiera

Perseo logró vencer a Medusa, con la ayuda de Hermes y Atenea.

Perseo, Polidectes decidió tenderle una trampa.

Polidectes organizó un banquete con numerosos invitados entre los cuales se encontraba Perseo, en el que anunció su intención de pedir la mano de la hija del rey Enómao, Hipodamía y —sabiendo que Perseo no poseía bienes— solicitó de sus invitados que cada uno aportara un caballo para que pudiera agasajar espléndidamente a la princesa con sus obsequios. Perseo, sintiéndose humillado por no poder contribuir a la causa, prometió que a cambio le traería la cabeza de Medusa. Polidectes se apresuró a aceptar la propuesta, convencido de que el joven perecería en el intento, dejándole vía libre con la madre.

Medusa de Caravaggio
(Florencia, Uffizi).

Por suerte para el héroe, Atenea lo había oído todo y decidida a prestarle su apoyo lo condujo hasta la ciudad de Dicterión, donde se encontraban unas imágenes de tres Górgonas entre las que figuraba Medusa. Mostrándole al héroe quien era Medusa para que pudiera distinguirla de sus hermanas, Estene y Euríale, le advirtió que jamás mirase a Medusa —ya que tenía el poder de convertir en piedra al que se cruzara con su mirada— y le regaló un escudo tan pulido que parecía un espejo y a través del cual podría ver al monstruo sin mirarlo directamente. Hermes, a su vez, le entregó una afilada hoz con la que podría cortar la cabeza de Medusa.

Ambos dioses le recomendaron que encontrara tres objetos que custodiaban las Ninfas del Estigia cuyo paradero solo conocían las Grayas —tres hermanas con un único diente y un solo ojo que compartían entre las tres—. Así que Perseo visitó primero a las Grayas y robándoles el diente y el ojo las chantajeó diciéndoles que únicamente se los devolvería a cambio de la información que buscaba sobre las Ninfas del Estigia. Con las indicaciones de las Grayas dio con la morada de las Ninfas que le entregaron unas sandalias voladoras, un zurrón mágico y el yelmo de Hades que convertía en invisible a su portante.

Equipado debidamente se dirigió al país de los Hiperbóreos, donde residían las Górgonas. Guiándose por el reflejo del escudo —tal como le había indicado Atenea— se acercó a Medusa y le cortó la cabeza con la hoz que le había entregado Hermes. Del cuerpo inerte de la górgona surgieron Pegaso y Crisaor. A continuación introdujo la cabeza de Medusa en el zurrón mágico y cuando se disponía a salir del lugar, las hermanas de la fallecida despertaron, Perseo se puso el casco de Hades que proporcionaba la invisibilidad y no pudiéndole ver, huyó con sus sandalias voladoras.

Durante el viaje de regreso Perseo solicitó hospedaje a Atlante. Como el titán se la negó, el héroe contrariado le mostró la cabeza de Medusa y en ese preciso instante Atlante se transformó en montaña.

Sobrevolando con sus sandalias Etiopía, divisó a una bella joven encadenada a un acantilado. La desdichada doncella entregada a la voracidad de una deforme criatura era Andrómeda

Fresco encontrado en Pompeia, representando Perseo después de salvar a Andrómeda.

—una hija de Céfeo y Casiopea, reyes de Yope, en Etiopia—. Casiopea se había jactado de haber engendrado una hija más hermosa que las Nereidas que, ofendidas, pidieron venganza a su padre Poseidón. Para satisfacerlas, el señor de las aguas envió primero una gran inundación y luego un monstruo marino que asolaba la zona —solo el sacrificio de Andrómeda podría aplacarle—.

Perseo se ofreció a liberarles del monstruo, si a cambio le otorgaban la mano de la joven doncella. Acordado el trato, el héroe se elevó con ayuda de sus sandalias voladoras y con rápido gesto, mutiló la cabeza del animal.

No obstante, una vez muerto el monstruo, Fineo —un tío de la joven al que había estado prometida— reclamó sus derechos sobre la muchacha. Como los padres tomaron partido por Fineo, Perseo tomó a Andrómeda y huyó con ella petrificando con la cabeza de Medusa a todo aquel que osaba perseguirle.

Cuando llegó a Sérifos, su madre Dánae le contó que Polidectes había intentado forzarla en su ausencia y que gracias a la intervención de Dictis —con el que se había refugiado en un templo— había podido huir de su ataque. Perseo se presentó en casa de Polidectes donde ofrecía un banquete y allí con la cabeza de Medusa transformó en piedra a todos los presentes. En agradecimiento a su lealtad, Perseo entregó el trono de Sérifos a Dictis.

En reconocimiento a la ayuda que le prestó Atenea le regaló la cabeza de Medusa a la diosa, quien la colocó en su escudo como arma defensiva. Los objetos mágicos se los ofreció a Hermes, que se encargó de devolvérselos a la Ninfas del Estigia.

Acompañado de su esposa Andrómeda y su madre Dánae, Perseo decidió regresar a Argos y reconciliarse con su abuelo, sin embargo, al enterarse del viaje Acrisio huyó hacia Larisa con el fin de evitar el encuentro. Una vez en Larisa, Acrisio acudió a unos juegos organizados por el rey Teutámides, en los que casualmente participaba Perseo. Durante la prueba del lanzamiento de disco, una ráfaga de viento desvió su trayectoria y alcanzó a Acrisio, que murió al instante. Perseo, desolado por lo acaecido, dio sepultura a su abuelo en los alrededores de Larisa y sin atreverse a reclamar el trono de Argos, lo cambió por el de Tirinto —que le correspondía a su primo Megapentes—, donde reinaría junto a Andrómeda, con quien tendría a Perses, Alceo, Esténelo, Heleo, Méstor, Electrión y a Gorgofone.

LOS ARGONAUTAS Y TESEO

Atamante

Era rey de Tebas —hijo de Eolo y Enáretas—, descendiente de Deucalión y Pirra y fue más conocido por las siniestras trifulcas de sus esposas que por méritos propios.

En primeras nupcias se desposó con Néfele, quien le dio dos hijos, Frixo y Hele. Tras repudiar a Néfele tomó a Ino como esposa con la que tuvo a Melicertes y Learco. Ino —celosa de Frixo y Hele— tramó cómo asesinar a los primogénitos de su esposo sin que la acusaran de ello, elaborando un perverso plan.

Primero convenció a las mujeres del país para que inutilizaran el trigo destinado a la siembra. Cuando los hombres termi-

Tondo de la Copa de Aisón, que muestra la victoria de Teseo sobre el Minotauro en presencia de Atenea.

naron la siembra, el trigo no fructificó, por lo que Atamante acudió al oráculo de Delfos. Pero Ino sobornó a los emisarios del oráculo para que comunicaran al rey que las cosechas prosperararían de nuevo cuando Frixo y Hele fueran sacrificados a los dioses.

Cumpliendo Atamante con la voluntad de los dioses, en el momento de la inmolación, Zeus envió un carnero con el vellocino de oro que tomando a los dos niños sobre sus lomos se los llevó volando. Frixo consiguió salvarse, pero Hele cayó al mar y se ahogó.

Después del fracaso de su plan, Ino huyó al monte y creyéndola muerta, Atamante contajo su tercer matrimonio con Temisto con la que tuvo a Orcómeno y Esfingio.

Enterada Temisto de que Ino aún vivía, se propuso asesinar a los hijos de esta y cierta noche le dio instrucciones a una criada para que al llevar a los niños al lecho vistiera a sus hijos con ropas blancas y a los de Ino con ropas negras. Despreocupada, la criada invirtió los vestidos de los niños, fraguándose el fatal desenlace. Cuando durante la noche Temisto asestó diversas puñaladas a los niños con las vestiduras negras, a quien estaba asesinando en realidad era a sus propios hijos. Al darse cuenta por la mañana de su error, no pudo soportarlo y se suicidó.

Frixo

Montado sobre el vellocino de oro el muchacho llegó sin su hermana Hele a la Cólquida, donde el rey Eetes lo hospedó de buen grado y le ofreció a su hija Calcíope como esposa. Agradecido a sus benefactores, Frixo sacrificó el vellocino en honor a Zeus y regaló la piel del carnero y el vellocino a Eetes, quien la consagró a Ares que ordenó colgarlo de un roble donde permaneció custodiado por un dragón hasta que Jasón —al mando de los Argonautas— lo encontrara.

Junto a Calcíope, Frixo tuvo a Melas, Frontis, Citisoro y Argos, quien abandonaría la Cólquida para reclamar la herencia de su abuelo Atamante.

Eetes

Hijo de Helios y de la oceánide Perseis, es hermano de Calipso, Circe y Pasífae. En un primer momento reinó en Corino, reino entregado por su padre. Pero pronto abandonaría esas tierras para instalarse en Fasis la capital de Ea desde donde reinaba la Cólquida. Con su primera esposa —la ninfa Asterodea— tuvo a Apsirto, y de la segunda —la ninfa Idía—, a Calcíope y Medea.

Algún tiempo después, allí llegaron los Argonautas en busca del vellocino. Eetes prometió entregárselo si Jasón superaba unas pruebas impuestas por el monarca a las que considera insuperables. Primero debía enyugar unos toros «con pezuñas de bronce y aliento de fuego». Con la ayuda de Medea —que enamorada del argonauta le dio una pócima que lo hizo invulnerable durante un día— Jasón pasó la prueba.Una vez superado el primer trabajo, debía sembrar los dientes del dragón que protegía el vellocino —o en otras versiones, los dientes del dragón de Cadmo—. Medea le advirtió que cuando sembrara los dientes, de ellos nacerían unos guerreros —los espartoi—, aconsejándole que en ese instante lanzara piedras entre ellos, pues así se pondrían a luchar y se matarían los unos a los otros.

Una vez superadas la pruebas, Eetes se negó a cumplir su palabra, por lo que Jasón, tomando el vellocino por la fuerza escapó en su nave llevándose a Medea. El rey salió tras ellos, pero Medea que había raptado a su hermano Apsirto —al que mató, descuartizándolo— fue tirando al mar trozos del muchacho que su padre se detenía para recoger. De este modo los argonautas lograron la ventaja suficiente para escapar a las iras del monarca.

Tiempo más tarde, Eetes fue destronado por su hermano Perses y posteriormente Medea —que había regresado a su país sin darse a conocer— le restituyó el poder.

Jasón

Hijo de Esón y de Alcímeda. Pelias —hermanastro de Esón— lo derrocó del trono de Yolco y su madre para proteger al joven lo envió al centauro Quirón quien se ocuparía de su educación.

Frixo y su hermana Hele
representados en un fresco romano.

Ya en edad adulta, regresó a Yolco para recuperar el poder
que por herencia le correspondía, vestido tan solo con una piel
de pantera y una sola sandalia calzando sus pies —la otra sandalia la había perdido al cruzar un río con una anciana sobre sus
hombros, que resulto ser Hera y que a partir de entonces fue su
aliada—, pero Pelias, con la intención de librarse del muchacho
sin mancharse las manos de sangre, le propuso un trato. Él le
cedería el trono, si Jasón lograba traer de la Cólquida el famoso
vellocino de oro. Jasón aceptó el reto, así que mandaron emisarios por toda Grecia, en busca de los héroes griegos más indica-
dos para llevar a cabo el cometido.

Con Jasón a la cabeza, cerca de cincuenta héroes griegos de
entre los más prestigiosos participaron en la expedición, a los
que se les llamó los argonautas, debido a que su nave fue denominada Argo —que también significa rápido— en honor a su
constructor.

Reunidos todos los argonautas y dispuesta la nave, los héroes zarpan desde el puerto de Págasas. Su primera escala fue
Lemos, habitada solo por mujeres que —castigadas por Afrodita, desprendían un terrible hedor, por lo que los hombres las re-
huían motivo que las indujo a matar a todos los varones del territorio— yacieron con los argonautas, a petición de la reina
Hipsípila, a cambio de poder arribar en la isla, y después de un
tiempo pudieron proseguir su camino.

Después llegaron al país de los doliones, donde el rey Cícico, los recibió hospitalariamente. Pero una vez volvieron a la mar, una tormenta los llevó de nuevo al mismo puerto y los doliones, creyendo que se trataba de un ataque de sus enemigos los pelasgos, los atacaron con firmeza.

Su siguiente destino fue la costa de Misia, donde fueron recibidos con honores. Pero uno de los argonautas —Hilas— se ahogó mientras recogía provisiones de agua. Heracles se rezagó buscando al joven y el Argo zarpó sin él.

Llegados al país de los bébrices, el rey Ámico —que mataba a los extranjeros— los retó a un combate de pugilato combatiendo contra Pólux, quien ganó la contienda.

Arribados en Salmideso, libraron a Fineo del acoso al que le sometían las Harpías. En agradecimiento, este les mostró cómo franquear las rocas Ciareas —unas rocas de tonalidad azulada que chocaban entre sí cuando un navío intentaba cruzarlas— sin destrozar la nave.

Finalmente, los argonautas llegaron a la Cólquida, donde con la ayuda de Medea lograron huir con el vellocino de oro. Ya en el viaje de regreso, volvieron a enfrentarse a nuevas aventuras. Zeus, enfurecido por los métodos utilizados para zafarse de las iras del monarca que custodiaba el vellocino, mandó una tempestad que los apartó de su camino. Argo, el navío parlante

El nombre *Argonauta* proviene de la embarcación con la que estos fueron en busca del vellocino de oro, llamada *Argo*.

Jasón regresa con el vellocino de oro en una crátera roja de Apulia, c. 340-330 a. C.

—en su mascarón, Atenea había colocado un madero dotado de voz—, les comunicó que la cólera de Zeus no cesaría hasta que cada uno de los argonautas no fuera purificado por la ninfa Circe.

De este modo, se encaminaron hacia la isla de Eea, donde habitaba Circe, quien les purificó del crimen cometido con Apsirto y reanudaron su viaje.

Al pasar junto a las orillas de las rocas donde residen las sirenas —hijas de la musa Terpsícore—, Orfeo les libra del deseo de precipitarse contra esas rocas, entonando una melodía más hermosa que la de las sirenas.

También conseguirán cruzar las rocas errantes con la ayuda de Tetis y las nereidas, por indicación de Hera.

Llegados a Corcira —Corfú— después de que lo hubiera hecho una comitiva de Eetes en solicitud de ayuda para que sus monarcas —Alcínoo y Arete— intercedieran en el rescate de Medea, Arete comunicó a Jasón y Medea la decisión de su esposo de prestar su ayuda sólo si esta se mantenía todavía virgen, y así la pareja consumó su unión y pudo proseguir su camino junto a los argonautas que los llevará al siguiente desembarco situado en una isla que surge de repente del agua y que ellos bautizarán como Ánafe.

En Libia los argonautas se vieron obligados a cargar con su navío a hombros hasta el lago Tritonis, donde Tritón les indicaría una salida hacia el mar abierto.

Una vez en Creta se encontraron con Talo, el autómata de Minos que hubiera acabado con ellos si no hubiera sido por las artes mágicas de Medea.

Tras todas estas aventuras, los argonautas por fin llegaron a su destino y terminado el viaje, Jasón condujo el Argo hasta Corinto, donde fue consagrado a Poseidón.

Una vez en Yolco, Medea con sus artes consiguió que las propias hijas de Pelias asesinaran a su padre y así pudo vengarse de él por haber enviado a Jasón en busca del vellocino de oro. Como consecuencia de ese crimen Jasón y Medea se vieron obligados a huir de Yolco, refugiándose en Corinto donde vivieron felices durante diez años hasta que Jasón la abandonó para casarse con Creúsa —hija de Creonte, también llamada Glauca—. Medea en venganza, regaló una túnica a Creúsa, impregnada con una sustancia que le causaría la muerte al ponérselo y a su padre, al intentar socorrerla. Pero su sed de venganza no estaba satisfecha, así que también asesinó a los hijos que tuvo con Jasón, huyendo una vez hubo perpetrado el crimen.

Finalmente Jasón regresó junto a su nave donde murió al desplomarse sobre él.

TESEO

Hijo de Etra y Poseidón —su padre terrenal es Egeo—, Teseo es el héroe nacional ateniense, igual que Heracles lo es de los dorios. Su leyenda corre paralela a la de Heracles, de quien es contemporáneo y amigo.

Creció en Trecén, donde residía su familia materna. A los siete años cuando Heracles pasó por Trecén —mientras los demás huían—, Teseo atacó con un hacha la piel de león del héroe dorio, que parecía viva.

Cuando alcanzó la adolescencia, Teseo tomó las sandalias y la espada que su padre había escondido bajo una roca y se encaminó hacia Atenas.

Grabado de 1901, que representa a Teseo venciendo al Minotauro.

En Epidauro se topó con su primer enemigo, Perifetes. Un descendiente de Hefesto, que tenía por costumbre atacar a los caminantes con una enorme maza. Teseo enfrentándose a él, lo mató y se quedó con la maza, que a partir de ese momento pasó a ser un atributo suyo. Al cabo de un tiempo, mató a un bandido llamado Sinis y posteriormente se unió a Perigone, una hija de este, con la que tuvo a Melanipo. Más tarde acabó con Escirón, que arrojaba a los viajeros por las rocas Escironias. En Eleusis peleó con el rey Cerción, a quien mató. Luego en Erineo venció al gigante Procustes.

Antes de proseguir su camino acudió al rió Céfiso, donde fue purificado de sus asesinatos. Después de purificarse, Teseo llegó Atenas.

Cuando la ciudad debía enviar por tercera vez a los catorce mancebos como tributo a Minos, Teseo se ofreció a ocupar el lugar de uno de ellos para intentar acabar con el monstruo —sin duda la más famosa de sus hazañas—. Así que partió hacia Creta, con la intención de librar a los súbditos de su padre del tributo que pagaban a los cretenses. Una vez en la isla, entró en la

Perseo vence a Procustes. Kílix del siglo v a. C.

guarida del Minotauro y lo derrotó a puñetazos, logrando salir del escondrijo —diseñado por Dédalo— atando a la entrada del laberinto uno de los cabos del ovillo de hilo que le proporcionó Ariadna que enamorada del héroe le pidió a cambio de su ayuda que la llevara consigo y la hiciera su esposa.

En su victorioso regreso a Atenas, Teseo olvidó el pacto que había hecho con Egeo —si la misión tenia éxito, a su regreso el barco llevaría izadas unas velas de color blanco. En caso contrario, las velas continuarían siendo negras—. El monarca, al ver a lo lejos que el barco todavía llevaba las velas negras, supuso el fracaso de la misión y la muerte de su hijo. No pudiendo resistir la tristeza se arrojó al mar, que desde entonces lleva su nombre.

Teseo ocupó la corona del Ática y gobernó con acierto y cordura y se anexionó nuevas tierras. Restauró los Juegos Ístmicos, en honor a Poseidón; fundó las fiestas Panateneas, símbolo de la unidad política del Ática; acuñó monedas y estableció unas leyes que serían un inicio de las bases de lo que posteriormente llegaría a ser la futura democracia ateniense.

En este tiempo tuvo lugar la expedición de los siete contra Tebas, durante la cual Edipo gozó de la protección de Teseo.

En cierta ocasión Teseo acompañó a Heracles al país de las amazonas para que el héroe dorio robase el cinturón de la reina Hipólita. Durante la aventura raptaron a Antíope —hermana de Hipólita— con la que Teseo tuvo a su hijo Hipólito. La invasión del Ática por parte de las amazonas se debió a que Teseo al cabo de un tiempo abandonó a Antíope para desposar a Fedra—hija de Minos y de Pasífae, soberanos de Creta y hermana de Ariadna y Deucalión, quien concedió a Teseo la mano de la princesa—. El día de los esponsales, las amazonas atacaron Atenas y la boda no pudo celebrarse, hasta que las amazonas fueron vencidas.

Con Fedra, Teseo tuvo a Demofonte y a Acamante. Hipólito —el hijo de Teseo y Antíope— había sido criado en Trecén, con la intención de prepararlo para heredar el trono de esta ciudad de la Argólide. Mientras que las posesiones del Ática quedarían a disposición de los hijos engendrados con Fedra.

Siendo Hipólito un adolescente regresó a Atenas. Afrodita —enojada con el muchacho porque siendo cazador adoraba a Artemisa y despreciaba el culto a la diosa del amor—, inspiró en Fedra una irreprimible pasión por su hijastro, quien la rechazó al intentar seducirle.

Fedra, loca de rabia, acusó al muchacho de intentar violarla ante Teseo. El enojo de Teseo fue tal, que solicitó a su padre Poseidón que matara a Hipólito. Como Poseidón había prometido a su hijo concederle tres deseos y todavía le quedaba uno de ellos, accedió y mandó un monstruo marino que acabó con Hipólito, mientras este paseaba con su carro a orillas del mar. Cuando Fedra supo la noticia, arrepentida y presa del remordimiento se suicidó.

Sobrevenidas estas tragedias, la propia Artemisa comunicó a Teseo la inocencia de su hijo y prometió vengarse de Afrodita provocando la muerte de su amado Adonis.

Tras conocer a Pirítoo —héroe tesalio, rey de los lapitas—, Teseo estableció una gran amistad con él y acudió a las nupcias que su amigo celebraba con Hipodamía, donde se inició una sangrienta lucha entre centauros y lapitas de la que numerosos centauros resultaron derrotados gracias a la intervención de ambos héroes.

Al cabo de un tiempo y fallecidas ya Hipodamía y Fedra, los dos amigos prometieron que se ayudarían mutuamente para conseguir casarse cada uno con una hija de Zeus. La primera elegida fue Helena —a quien raptaron y se la sortearon entre ambos y habiéndola ganado Teseo, la confió a su madre Etra, mientras crecía lo suficiente para casarse con él— y la segunda, Perséfone, así que los dos héroes bajaron a los infiernos con la intención de raptarla. Hades, fingiendo darles una gran bienvenida, los invitó a comer con él, pero una vez sentados, ya no pudieron levantarse. Teseo fue liberado por Heracles, pero a Pirítoo no se le permitió regresar al mundo de los vivos.

Cuando Teseo retornó a Atenas, descubrió que sus enemigos luchaban disputándose la corona, así que se exilió a Creta, pero una tempestad lo apartó de su trayectoria enviándolo a Esciros, donde el rey Licomedes fingió acogerle de buen grado. Sin embargo, temiendo que la llegada de Teseo le arrebatara la corona con el pretexto de enseñarle la isla, lo despeñó desde lo alto de una roca. Al enterarse de la muerte de su hijo, Etra de suicidó.

HERACLES

Es el más famoso de los héroes helénicos —que posteriormente los romanos llamaron Hércules y con cuyo nombre su fama se extendió por todo el mundo—, protagonista de un ciclo épico tan extenso —seguramente debido a su inentificación con múltiples héroes locales a medida que se extendía su fama— que lo eleva por encima de los demás héroes.

Nacimiento y primeros años

Nacido en Tebas, siempre consideró Argos como su patria, de donde procedían sus ancestros. Una noche en que Anfitrión —su padre mortal— se encontraba ausente, Zeus tomando la forma de Anfitrión se unió con Alcmena. De esta unión se concibió a Heracles. Poco más tarde Anfitrión regresó y uniéndose también a Alcmena concibieron a Íficles, el hermano mellizo de Heracles.

Por pertenecer Heracles a la raza argiva y ser su madre descendiente de Per-

Heracles con la manzana del Jardín de las Hespérides.

seo, Zeus en una ocasión se jactó de haber engendrado al que un día sería rey de Argos. Hera, irritada por la infidelidad de su esposo, se las arregló para que pronunciara las siguientes palabras: «El niño que nacerá hoy en una familia de la casa de Perseo será el señor de todos los que habiten en torno a él». Después Hera, aconsejada por Ate, envió a Ilitia para que adelantara el parto de Menipe —esposa de Esténelo, también descendien-

Son tantas las aventuras de este héroe, que los mitógrafos antiguos hicieron varias clasificaciones artificiales procurando disponer un poco de orden a la abundante recopilación de leyendas atribuidas al héroe:

·Nacimiento y primeros años
·Los doce trabajos:
El león de Nemea/La hidra de Lerna El jabalí de Erimanto/La cierva de Cerinia/Las aves del lago Estínfalo Los establos de Augías/El toro de Creta/Las yeguas de Diomedes/El cinturón de Hipólita/Los bueyes de Gerióntes/El can Cérbero/Las manzanas de oro del jardín de las Hespérides.
·En el reino de Ónfale
·Heracles en Troya
·La Gigantomaquia
·La guerra contra Esparta
·Las guerras de Tesalia
·Resurrección de Alcestis
·Muerte de Busiris
·Combate con Anteo
·Deyanira y el deceso de Heracles

te de Perseo—. Luego Ilitia, ajena a las artimañas de Hera, retrasó cuanto pudo el nacimiento de Heracles, pudiendo al fin nacer gracias a la intervención de Galantis.

Así que gracias a los tejemanejes de Hera, Euristeo nació antes que su primo Heracles y en virtud al juramento de Zeus, recibió la corona de Argos.

Zeus, decidido a favorecer a su descendiente, ordenó a Hermes que pusiera al infante en el regazo de Hera, mientras ella dormía, para que este tomase leche de su pecho y se convir-

Hércules y la Hidra, por Antonio Pollaiuolo (1432-1498).

tiera en inmortal. La diosa se despertó sobresaltada y un chorro de leche escapó de su pecho formándose con él la Vía Láctea.

Heracles se ganó el odio, ya desde su nacimiento, de la que siempre sería su firme enemiga, Hera.

Con apenas unos meses, la reina del Olimpo envió dos serpientes a la cuna que compartía con su gemelo Íficles, y demostrando una fuerza fuera de lo normal, Heracles mató a los animales antes de que los gritos de Íficles alertaran a Anfitrión y acudiera a socorrer a los niños.

Éurito, le instruyó en el manejo del arco; Cascor, le mostró cómo utilizar las armas; Autólico le cultivó en el arte del pugilato; Anfitrión le enseñó a conducir carros; y Lino lo educaba musicalmente hasta que lo mató en un arranque de ira.

A los dieciocho años arremetió contra un león que asolaba las tierras de Anfitrión y las del vecino rey Tespio, en casa del que se hospedó durante los cincuenta días que duró la cacería del animal. Tespio tenía cincuenta hijas a las que, noche tras noche, las introducía en el lecho de Heracles para obtener descendientes del héroe. De estas noches nacieron los cincuenta Tespíadas.

Cuando regresaba a Tebas después de matar al león, Heracles se cruzó con unos emisarios de Orcómeno a los que Tebas debía pagar un tributo por una antigua disputa. El héroe les cortó las orejas y la nariz y los envió de regreso a su patria. En respuesta, el rey Ergino de Orcómeno intentó invadir Tebas, pero tras la derrota por la intervención de Heracles tuvo que pagar doble tributo que el establecido para Tebas. En agradecimiento al servicio prestado a la ciudad, Creonte, rey de Tebas, casó al héroe con su hija mayor —Mégara— y a Íficles con su hija pequeña.

Los doce trabajos de Heracles

Hera deseaba que Heracles abandonase Tebas y fuese a Argos para rendir vasallaje a Euristeo. Así que la diosa le provocó un ataque de locura que le hizo asesinar a sus hijos y a los de Íficles. Recuperada la razón, repudió a Mégara y entregándosela a su sobrino Yolao, partió para purificarse de sus crímenes.

Se dirigió a Delfos donde Pitia le aconsejó que primero debía cambiarse el nombre —al nacer le llamaron Alcides, que significa descendiente de Alceo—. Fue a partir de ese momento y no antes que se le llamó Heracles —gloria de Hera—. Después debía viajar hasta Argos y ponerse al servicio de Euristeo. Tras terminar unos trabajos que este le impuso se le consideró purificado y se le concedió la inmortalidad.

Antes de ponerse al servicio de Euristeo, Atenea le regaló una túnica, Hefesto una armadura, Hermes una espada, Poseidón caballos y Apolo un arco y unas flechas envenenadas. Aunque los regalos eran magníficos, Heracles utilizó casi siempre una clava y un arco que se fabricó él mismo y se cubrió con la piel de un león. Así empiezan sus hazañas de más renombre.

El león de Nemea. Su primer trabajo consistió en dar caza al león de Nemea —hijo de Ortro y Equidna—, una fiera enorme con una piel tan dura que resultaba invulnerable a las armas y devoraba a las gentes de la región de Nemea, a sus ganados y destrozaba sus cosechas.

Como trofeo le arrancó la piel y con ella se vistió a partir de entonces, ya que era invulnerable a las armas y al fuego.

La hidra de Lerna. Acabar con este animal fue el segundo trabajo que le impuso Euristeo. El monstruo —hijo de Tifón y Equidna—, con cuerpo de serpiente e innumerables cabezas que se reproducían al ser cortadas y que exhalaban un vaho mortal, fue criado por Hera para que se enfrentara con Heracles.

Para matarlo Heracles fue cortando las cabezas del engendro, mientras Yolao quemaba los cuellos cercenados, para que la carne quemada no se pudiera regenerar y producir otra cabeza. Para ayudar a la hidra, Hera había enviado un gigantesco cangrejo que el héroe aplastó de un solo golpe y con su sangre envenenó sus flechas. Por haber contado con la ayuda de su sobrino Yolao, Euristeo se negó a contabilizar este trabajo.

El jabalí de Erimanto. En esta ocasión Euristeo ordenó al héroe capturar con vida a un enorme jabalí que devastaba los bosques de Erimanto. Después de verse implicado en una refriega con los centauros, persiguió al animal hasta que consiguió agotarlo logrando así atarlo con cadenas, y cargándolo a hombros regresó a Micenas. Euristeo aterrorizado ante la vista del jabalí, corrió a refugiarse en una jarra que tenía para tal fin.

Hércules y El jabalí de Erimanto.

La cierva de Cerinia. Su cuarto trabajo consistió en apoderarse de una de las cinco ciervas con pezuñas de bronce y cuernos de oro consagradas a Artemisa. Las otras cuatro habían sido capturadas por la diosa y tiraban de su carro, pero esta última pudo escapar por intervención de Hera para que sirviera de prueba a Heracles.

La persiguió durante un año hasta el país de los Hiperbóreos. Allí consiguió atraparla hiriéndola levemente con una flecha. Atándole las patas, la llevó en hombros ante Euristeo.

Las aves del lago Estínfalo. A continuación, Euristeo le mandó expulsar del lago Estínfalo a unas aves con pico, garras y plumas de bronce. Atacaban a los humanos lanzándoles desde el aire sus plumas de bronce. Habían crecido tanto en número que resultaban una verdadera plaga para los países vecinos.

Heracles las hizo salir del espeso bosque que rodeaba la zona pantanosa de Arcadia, donde las aves habitaban con la ayuda de unas castañuelas que le dio Atenea y que habían sido elaboradas por Hefesto.

Los establos de Augías. Augías poseía un enorme y espléndido rebaño de animales que nunca enfermaban, pero jamás había limpiado sus establos, por lo que todo el territorio se veía infectado por un hedor insoportable, además la gruesa capa de estiércol que cubría la tierra, impedía cultivarla.

Heracles le prometió a Augías limpiar sus establos en un solo día, si a cambio él le daba la décima parte de su ganado —o le entregaba parte de su reino, según otras versiones—. Una vez acordado el trato, derribó las paredes de los establos y después desvió las corrientes de los ríos Alfeo y Peneo, que con sus aguas arrastraron el estiércol. Sin embargo Augias se negó a pagarle, por lo que más tarde Heracles le declaró la guerra. Euristeo tampoco contabilizó el trabajo argumentando que había realizado la hazaña para percibir un salario.

El toro de Creta. El séptimo trabajo que le impuso Euristeo consistía en atrapar con vida al toro de Creta —ya fuera el toro que había surgido del mar y con el que Pasífae había concebido al Minotauro, según unas versiones, o el que llevó a Europa hasta las costas de Creta, según otras—, que recorría la isla exhalando fuego por la nariz y destruyendo todo a su paso. Tras una intrincada lucha, Heracles lo apresó y lo trasladó con vida a Micenas. Euristeo quiso dedicárselo a Hera, pero esta no aceptó la ofrenda y el animal fue liberado, llegando al Ática, donde Teseo lo encontró en la llanura de Maratón.

Las yeguas de Diomedes. Para realizar el octavo trabajo Heracles se desplazó hasta Tracia. Las yeguas de Diomedes se alimentaban de carne humana. Heracles se las arregló para que devoraran a su propio dueño. Después de comer, se volvieron mansas y el héroe pudo uncirlas al carro de Diomedes y trasladarse así a Micenas.

El cinturón de Hipólita. Para regalárselo a su hija Admete, Euristeo pidió a Heracles que le trajera el cinturón de la reina de las amazonas, Hipólita, hija de Ares. El cinturón de oro que el dios le había regalado a su hija simbolizaba el poder de esta reina sobre las amazonas. La reina prendada de Heracles accedió a entregarle el cinturón como prenda de amor. Pero Hera metamorfoseada en amazona inició una disputa entre ambos bandos. Heracles, creyéndose traicionado, mató a Hipólita.

Heracles lucha contra las amazonas, ánfora ática con figuras negras 530–520 a. C., Museo del Louvre.

91

En su camino de regreso Heracles hizo un alto en Mariandino, donde participó en unos juegos fúnebres en honor a Priolao, un hermano del rey Lico, donde derrotó a Ticia, campeón de la ciudad. Como compensación, libró una serie de batallas contra los enemigos de Lico. Pero apenas el héroe abandonó Mariandino, el rey Ámico les arrebató los terrenos que para ellos había ganado Heracles.

Después de salvar a a Hesíone de un monstruo al que iba a ser sacrificada, en Troya, Heracles al fin pudo entregar el cinturón a Euristeo.

Los bueyes de Geríones. Heracles debía sustraer los bueyes de Geríones, en Eritia. A tal fin, amenazó a Helios con sus flechas para que le prestara la copa dorada con la que el dios se trasladaba cada noche de Occidente a Oriente.

Geríones —hijo de Crisaor y Calírroe— tenía tres cuerpos unidos por la cintura, tres cabezas, seis brazos y era considerado el hombre más fuerte del mundo. Poseía una manada de bueyes rojos —en la isla Eritia— que Euritión, hijo de Ares, pastoreaba junto al perro bicéfalo Ortro —hijo de Tifón y Equidna—.

Una vez en tierra, Heracles derrotó primero a Ortro y después a Euritión con sus flechas. Menetes —pastor de los rebaños de Hades— presenció la lucha y avisó a Geríones de lo acontecido, que también cayó bajo las flechas de Heracles.

Heracles se embarcó de nuevo en la copa, esta vez con los bueyes. Mientras duró el viaje, Heracles protagonizó numerosas hazañas. Construyó las famosas columnas de Hércules, situadas una en el Peñón de Gibraltar y otra en Ceuta. Fue abordado por Monstruos, atracado por bandidos, asaltado por tal numero de indígenas —en Ligurgia, capitaneados por Ligis— que se quedó sin flechas y para ayudarle Zeus hizo que llovieran piedras. Tuvo que enfrentarse con los bandidos Alebión y Dércino, que intentaron —sin conseguirlo— robarle la manada. En Regio, uno de los bueyes huyó, llegando al país de los élimos, donde el rey Érix intentó quedarse con el animal, muriendo a manos de Heracles mientras Hefesto le cuidaba el resto de la manada.

Una vez llegó a orillas del mar Jónico, Hera envió unos insectos que atacaron a los bueyes y enfurecidos se dispersaron por los montes tracios. Cuando el héroe se disponía a buscarlos, se cruzó con el río Estrimon que estorbó sus planes y tuvo que colmar el cauce del río de piedras. A pesar de todos sus esfuerzos, solo pudo recuperar algunos de los animales. Al llegar a Micenas, Euristeo sacrificó lo que quedaba de la manada en honor a Hera.

Las manzanas de oro del jardín de las Hespérides. En su último trabajo se le encomendó robar las manzanas de oro —fruto nacido del árbol que Gea regaló a Hera en sus nupcias con Zeus— custodiadas por las Hespérides. El árbol de estas manzanas doradas que proporcionaban la inmortalidad, había sido plantado por la diosa en un jardín divino, en la ladera del monte Atlas. Para proteger el árbol y vigilar los posibles robos, junto a las Hespérides, Hera también apostó al dragón Ladón junto al árbol.

Primero Heracles tuvo que averiguar dónde se encontraba el famoso jardín. Para ello primero se dirigió hacia Macedonia, donde luchó y venció a Cicno. En Iliria unas ninfas le indicaron que solo Nereo podría desvelarle su ubicación. Una vez ante Nereo este intentó con múltiples transformaciones zafarse del lazo de Heracles, pero el héroe permaneció firme y sin soltarle le preguntó qué camino debía seguir hasta el jardín. Encaminado ya hacia su objetivo, por el camino tuvo que luchar con Busiris, matar a Ematión —a su paso por Asia— y liberar a Prometeo —cuando rebasaba el Cáucaso—, matando con una de sus flechas al águila que le roía el hígado todas las mañanas. Agradecido, Prometeo le aconsejó que no arrancase las manzanas con sus propias manos y que le pidiera a Atlante que lo hiciera por él.

Una vez en el jardín de las Hespérides, siguiendo el consejo de Prometeo, le propuso a Atlante que cogiera las manzanas, mientras él sujetaba la bóveda celeste en su lugar. Cuando Atlante tuvo las manzanas, diciéndole que él mismo llevaría las manzanas a Micenas, este se negaba a volver a soportar su destino. Heracles, con perspicacia, se mostró de acuerdo con la propuesta, pero antes le pidió al titán que sujetase durante un momento la bóveda mientras él se deslizaba un cojín en la espalda para soportar su carga. Cuando el cándido titán tomó de nuevo el peso sobre sus espaldas, Heracles echó a correr con las manzanas.

Una vez en Micenas, Euristeo devolvió las manzanas a Hera, que las puso de nuevo en el jardín.

El can Cérbero. Cérbero era un perro de tres cabezas y cola de serpiente que guardaba la entrada del Hades y Heracles debía llevarlo a Micenas. Fue la última empresa y la más difícil de las que se le encomendaron.

Para tal cometido tuvo que ser iniciado en los misterios de Eleusis de la mano del adivino Museo y antes de adentrarse en el Tártaro —acompañado por Hermes y Atenea—, Eumolpo le advirtió que Hades solo le permitiría llevarse al perro si conseguía dominarlo sin arma alguna.

Una vez en los infiernos, Meleagro y Medusa se le enfrentaron, —las demás almas huían a su paso— y Hermes le convenció de no atacar a Medusa mostrándole que sólo era un espectro. Mantuvo una conversación con Meleagro sobre su triste historia y para compensarlo le prometió casarse con su hermana Deyanira.

También liberó a Teseo y a Ascáfalo de sus respectivos castigos pero se le prohibió salvar a Pirítoo. En su recorrido por el Tártaro mató a varias vacas del rebaño de Hades para colmar la sed que padecían los condenados —que solo podía ser saciada con sangre—. Y a Menetes, el pastor, le rompió las costillas al intentar detenerle.

Por fin llegó ante la presencia del señor del Hades que consintió en que se llevara al animal, pues para atrapar al animal únicamente se había servido de sus manos. Al llegar a Micenas

Cérbero en una acuarela de William Blake, 1920.

con el can, Euristeo, tan pronto lo vio se apresuró aterrorizado a meterse en su jarra para refugiarse y sin saber qué hacer con Cérbero, Heracles devolvió el perro a su legítimo dueño que volvió a restituirlo en sus funciones.

LA MUERTE DE HERACLES

Libre ya de la supeditación a Euristeo, Heracles se dirigió a Eucalia donde empezaría su recorrido por nuevas aventuras. Al final de sus múltiples peripecias, el héroe, cumpliendo la promesa hecha a Meleagro, se casó con Deyanira, con la que vivió una etapa tranquila de su vida.

Pero antes tuvo que exiliarse con su mujer y su hijo Hillos al haber matado por azar a un habitante de Calidón —al norte del Peloponeso—. En su viaje, tuvo que cruzar un río y matar a su barquero —el centauro Nesos— por intentar violar a Deyanira. Antes de morir, el centauro convenció a Deyanira que guardase un poco de su sangre como filtro de amor.

Al cabo de un tiempo, presa de los celos y temerosa de la hija de un rey que Hércules había recibido como botín de guerra, Deyanira tuvo la fatal idea de utilizar el supuesto filtro que obtuvo de Nesos —que en realidad contenía el veneno de la Hidra—. Cuando su marido le pidió una túnica para ofrecer un sacrificio a Zeus, le envió la prenda embadurnada con el filtro de amor y apenas tocó la piel del héroe empezó a arderle. En un arrebato de dolor intentó quitársela, pero todos sus esfuerzos solo conseguían que se le pegara aún más, arrancándole la carne.

Asustada, Deyanira se suicidó y tras erigir él mismo su pira y subirse a ella, Heracles pidió a su primogénito Hillos que le prendiera fuego. Mientras las llamas empezaban a alcanzarle, Zeus se compadeció de él y poniendo fin a su sufrimiento y a su vida terrestre lo sacó de la pira.

Por su vida heroica y su muerte purificadora, tras agotar su mortalidad, Hércules fue acogido en el Olimpo, donde se reconcilió con Hera y se casó con su hija Hebe y todos los dioses lo recibieron con solemnidad.

DIOSES Y MITOS ROMANOS

La colonización política de Grecia por parte de Roma tuvo su contrapartida en una especie de colonización cultural inversa. La cultura romana fue, en definitiva, una cultura grecoromana. El griego, como idioma, se convirtió en lengua franca en el Este y en Italia. En la vida privada de los nobles romanos, dicho idioma se convirtió en usual y la educación de sus hijos solía estar bajo la responsabilidad de preceptores griegos. Pode-

Estatua moderna de Marco Terencio Varrón, en Rieti, Italia, su ciudad natal.

mos afirmar que el dominio romano no afectó culturalmente a la vida interna de Grecia.

Los autores de la Antigüedad diferenciaban con claridad las deidades griegas de las romanas. Algunos, como Marco Terencio Varrón —escritor romano del siglo I a. de C.—, apuntan que en un principio no se representaban a las divinidades romanas con forma humana como sí se hacía con los dioses griegos y otros, como Dionisio —historiador griego contemporáneo del anterior—, ponderaba la superioridad moral de la que estaban impregnados los dioses romanos en comparación a la ética de los dioses helenos.

LA RELIGIÓN DE ROMA Y LAS LEYENDAS SOBRE SU FORMACIÓN

Las concepciones griegas que influenciaron la religión romana llegaron a través de los etruscos, de las colonias al sur de Italia o de las creencias primitivas de los habitantes naturales de la zona, traducidas en dioses locales o dioses símbolo de ríos, montañas o bosques, de tempestades, lluvia o viento. De los etruscos, los romanos tomaron la extrema atención a los presagios y a diferencia de los griegos —que aceptaban el destino de los dioses que se les manifestaba mediante oráculos—, intentaban hacer desistir a los dioses de su voluntad, si esta iba en contra de los hombres. A tal fin celebraban sus rituales y les ofrendaban sacrificios, manteniendo así la *pax deorum* —la paz de los dioses—.

Toda manifestación de la vida cotidiana y social romana contaba con su dios específico —por ejemplo, Domidicus, dios abanderado del hogar, Subigos, el dios que «subyuga» y Prema, la diosa que «constriñe», eran tres deidades menores a las que se les suponía guardianes de la noche de bodas de la novia romana—, creando con ello una abundancia de dioses carentes de verdadera personalidad, a excepción de Júpiter que ya gozaba de un lugar preeminente en la antigua religión y que más tarde sería equiparado al Zeus de los griegos —cuando en los siglos V y III a. C. el panteón griego prestaría algunas de sus características a las divinidades romanas—.

Esta fusión de personalidad llegó hasta tal extremo que antiguas deidades itálicas como Ceres, Liber y Libera acabaron

El mito romano de la creación

Una de las mayores compilaciones de la mitología clásica romana es la obra *Metamorfosis* de Ovidio (43 a.C-17-18 d.C). En ella están recogidos la mayoría de los mitos que conocemos actualmente. Empieza con una explicación del origen del mundo cuyos fragmentos citamos a continuación:

«Antes del mar, de la Tierra y del cielo que lo cubre todo, la naturaleza ofrecía un solo aspecto en el orbe entero, al que llamaron Caos: una masa tosca y desordenada, que no era más que un peso inerte y gérmenes discordantes, amontonados juntos, de cosas no bien unidas. Ningún Titán ofrecía todavía luz al mundo, ni Febe renovaba creciendo sus nuevos cuernos, ni la Tierra se encontraba suspendida en el aire que la rodeaba, equilibrada por su propio peso, ni Anfítrite había extendido sus brazos por los largos límites de las tierras. [...] La fuerza ígnea y sin peso del cielo convexo brilló y se buscó un lugar en lo más alto de la bóveda; [...] la Tierra arrastró consigo los elementos pesados y quedó apretada por su propia gravedad; y el agua que la rodea ocupó la parte final y abarcó el disco sólido.

Cuando el dios, quienquiera que fuera, hubo ordenado así la masa, la dividió y, una vez dividida, la distribuyó en partes; primero a la Tierra, para que no quedara desigual por todas partes, la enrolló bajo la figura de un enorme globo; después, ordenó que se dispersaran los mares, que se inflaran de rápidos vientos y rodearan las costas de la tierra circular. [...] El Hacedor del mundo no permitió a los vientos ocupar el aire a su gusto; [...] El Euro se retiró a la Aurora, a los reinos nabateos, a Persia y a las cumbres que se extienden bajo los rayos matutinos; el véspero y las costas que se calientan con el sol de poniente están cercanos al Céfiro. El frío Bóreas ocupó Escitia y los Siete Triones; la parte opuesta de la Tierra se humedece con las asiduas nubes y la lluvia del Austro.[...].

Un ser más sagrado que éstos y más capaz de una mente profunda faltaba todavía y que pudiera dominar sobre lo demás: nació el hombre, al que o lo creó de semen divino el Hacedor del mundo, origen de un mundo mejor, o la Tierra reciente y separada hacía poco del elevado éter retenía el semen de su pariente el cielo, a la que el vástago de Yápeto mezclándola con agua de lluvia modeló en forma de figura de dioses que lo gobiernan todo. Y mientras los demás animales miran inclinados a la Tierra, dio al hombre un rostro levantado y le ordenó que mirara al cielo y levantara el rostro alto hasta las estrellas. Así la Tierra, que hacía poco había sido tosca y sin forma, cambió y se revistió de figuras humanas desconocidas.»

confundiéndose por completo con Deméter, Perséfone y Dioniso y los antiguos ritos relacionados con los primeros fueron cambiados por los ritos griegos, siendo incluso oficiados por sacerdotisas griegas.

Si además, tomamos en consideración que el espíritu romano se conformó, en poco tiempo, en una estructura administrativa y político-religiosa en la que importaba más el órden de la práctica preceptiva que la narración que la legitima —Los romanos realizaban minuciosamente la gran cantidad de prescripciones rituales determinadas por la potestad política y religiosas, con la confianza de influir positivamente en la benevolencia de sus divinidades, sin el vínculo propio de un fiel hacia su deidad—, todo ello podría demostrar que el interés de los romanos en apropiarse de la personalidad del panteón helénico y su mitología —para sus propias divinidades—, no iba más allá de compensar la pobreza de sus antiguos mitos, siendo su religión un fiel reflejo de su predilección por la virtud cívica y su disposición a cumplir con las responsabilidades comunes.

La ciudad de Roma en tiempos de la República (509 a. C.-27 a. C.). Grabado de Friedrich Polack, publicado en *Geschichtsbilder*, 1896.

Estatua romana
de la diosa Venus.

Estatua del dios Baco que se encuentra en el Museo del Vaticano.

Si bien conocemos abundantes ritos y nombres de divinidades, no conocemos mitos teogónicos, cosmogónicos o antropo-
génicos propiamente romanos. Al haber tratado ya de estos relatos mitológicos en el capítulo dedicado a las divinidades
griegas, trataremos en este los rasgos distintivos de la religión
romana.

EQUIVALENCIA ENTRE DIVINIDADES GRIEGAS Y ROMANAS

Las ideas y nociones que los griegos antiguos elaboraron sobre
la divinidad aparecen expuestas principalmente bajo la forma
de mitos, fruto de un largo proceso de fusión de cultos —a divinidades ctónicas— de los pueblos agricultores del Mediterrá-

NOMBRE GRIEGO	NOMBRE ROMANO	ATRIBUCIÓN
Afrodita	Venus	Diosa de la belleza y la atracción sexual
Apolo	Febo	Dios de las artes, la belleza y la luz
Ares	Marte	Dios de la guerra
Artemisa	Diana	Diosa de la caza
Asclepio	Esculapio	Dios de la medicina
Atenea	Minerva	Diosa de la guerra y la sabiduría
Cronos	Saturno	Dios del Tiempo
Deméter	Ceres	Diosa de la agricultura / diosa de los cereales
Dioniso	Baco	Dios del vino y de la vegetación
Eros	Cupido	Dios del amor
Gea	Tellus	Diosa primordial de la Tierra
Hefesto	Vulcano	Dios del fuego y de las fraguas
Hera	Juno	Diosa del matrimonio y de la fertilidad
Hermes	Mercurio	Mensajero de los dioses y dios del comercio

NOMBRE GRIEGO	NOMBRE ROMANO	ATRIBUCIÓN
Hades	Plutón	Dios de los muertos y los infiernos
Hécate	Trivia	Diosa de las encrucijadas
Hestia	Vesta	Diosa del fuego sagrado / diosa del hogar
Hipnos	Somnus	Dios de los sueños
Mnemósine	Moneta	Diosa de la memoria
Nike	Victoria	Diosa del tiunfo
Poseidón	Neptuno	Dios del mar
Rea	Ops	Diosa de la Tierra, madre de los dioses
Tánatos	Mors	Dios de la muerte
Urano	Caelus	Dios primordial del cielo
Zeus	Júpiter	Dios supremo del cielo
Perséfone	Proserpina	Diosa de los infiernos
Heracles	Hércules	Héroe semidios
Odiseo	Ulises	Héroe de Troya

neo y de cultos —a divinidades celestiales— de los pueblos ga-
naderos indoeuropeos que ocuparon Grecia a partir del tercer
milenio a. C.

Cuando la influencia cultural griega empezó a ser preponde-
rante (s. III a. C.), el panteón romano reprodujo en cierto modo
el panteón griego, aunque algún que otro dios romano se quedara sin su equivalente griego —tal es el caso de numerosas divinidades menores—. En la Antigua Roma apareció una nueva
mitología romana gracias a la sincretización de numerosos dioses griegos como Júpiter, Juno, Ceres o Neptuno y de otras na-
ciones como Mitra y Cibeles, aunque permanecieron algunos
rasgos primitivos de carácter etrusco como la adoración de dioses por tríadas. A pesar de existir una religión oficial, no había
una unidad de cultos, motivo que propició la aparición del cris-
tianismo y su expansión por Europa.

Lo que hoy llamamos *mitología* y consideramos como un
conjunto de relatos imaginarios era uno de los pilares fundamentales de la antigua cultura grecoromana. A través de los
mitos se consagró a los dioses como fuerzas superiores que go-
bernaban todo el Universo, imponían orden y justicia y marca-
ban o influían el destino de cada hombre. La mayoría de las ciudades griegas tenían un mito de su fundación que otorgaba
mayor validez al hecho histórico verificado de sus orígenes.
También Roma, como la mayoría de los pueblos a lo largo de la
historia, poseía mitos y leyendas que intentaban explicar sus
orígenes.

En relación a la mitología griega, la mitología romana lo heredó casi todo sin interesarse en la parte más mitológica de su
herencia ni aportar gran cosa. Así, a falta de mitos propiamente dichos —exceptuando la conquista del Lacio por Eneas, príncipe troyano, y después la fundación de Roma por Rómulo—,
los dioses romanos suelen carecer de personalidades marcadas.
Júpiter no es ni tan tiránico ni tan libidinoso como Zeus, Venus
no es tan sensual ni cruel como Afrodita. Al dios romano Marte —asimilado al dios de la guerra Ares—, se le asoció más con
la agricultura, manifestando una cierta personalidad patriótica

al situarlo como padre del primer rey de Roma —Rómulo—. Pero algunas asumen una naturaleza similar —Las divinidades de las fuentes tenían carácter femenino igual que las griegas, como las Camenae que en la mitología romana ejercían la misma función que las musas en la griega—.

LAS ALMAS DE LOS ANTEPASADOS Y LOS DIOSES PROTECTORES

Junto a los dioses con personalidad completa, encontramos unos entes espirituales que se corresponden a las creencias en la influencia que ejercen las almas de los antepasados en cualquier acto o actividad humana presente y futura.

Entre estos espíritus encontramos a los Manes —almas puras de los muertos—, los Lemures y los Larvae —almas de aquellos que no habían sido sepultados según el rito establecido— a los que se les procuraban ofrendas para mantenerlos en equilibrio. Estos genios familiares acompañaban al individuo desde su nacimiento y no lo abandonaban hasta su muerte —a la que se convertían en serpiente—. Se les representaba con forma humana y se los honraba como deidades.

De un modo similar, los Lares —protectores domésticos— eran genios protectores a los que solicitar la seguridad de la casa y los bienes familiares. Situados en el *atrium* encima del fuego del hogar —honrados mediante libaciones de vino antes de las comidas— se les representaba con unas pequeñas figurillas de madera.

Además de estas deidades, también había los Penates — genios protectores de las provisiones domésticas— y los Indigetes —protectores de hechos aislados que actuaban puntualmente y se distinguían según la importancia de su poder de acción—; estos últimos, contaban ya con personalidad propia antes de mezclarse con los dioses procedentes de Grecia.

De la integración de estos espíritus protectores se obtuvieron algunas de las divinidades más relevantes de la mitología romana entre las que podemos citar a Jano —espíritu de las puertas de la vivienda (o de la puerta principal)—, Vulcano —el dios del fuego—, Vesta —diosa del hogar—, Saturno —dios que marca los tiempos de la siembra—, Conso —dios de la cosecha o Marte —dios de la guerra—. Los romanos también adoraron una gran cantidad de dioses —Silvano, protector de los bosques inhabitados; Liber y Libera, protectores de la fecundidad de campos y viñedos; Vertumno, protector de los jardines y sus frutos o Pomona, diosa de la abundancia frutal—, cuya característica principal era la fuerza fecunda y la vitalidad creadora de vegetación y campos, en especial los agricultores y pastores que se sentían en deuda con ellos por los fritos que recogían o el crecimiento de sus rebaños.

Uno de los más venerados fue Fauno —dios bondadoso que protegía la tierra, los hombres y los animales— y en su honor se celebraban las Lupercalias, fiestas en las que sus sacerdotes —los Luperci— aseguraban la fecundidad total dando una vuelta al recinto de la ciudad, vestidos solo con una piel de macho cabrío —indumentaria con la que también era representado Fauno, con el cuerno de la abundancia en una mano y tocado con corona—. Diosas veneradas fueron también Ceres, Tellus, Fauna, Flora y Pales, deidades relacionadas con distintos aspectos de la fecundidad de la naturaleza.

OTRAS DEIDADES Y LOS CONCEPTOS ABSTRACTOS

Al carecer de un reino de los muertos en la religión romana, no existían divinidades a las que asociar el dominio del mundo de ultratumba. Tan solo Orcus —a cuya acción se asociaba con el fenómeno de la muerte— y Larenta —madre de los muertos— estaban relacionados con la muerte.

Muchos conceptos abstractos se personificaron en dioses relacionados con la creencia en los espíritus protectores, como por ejemplo, Fides —fidelidad—, Fortuna, Concordia, Spes, Pietas —el amor a los padres—, Felicitas o Pax.

En lo referente al culto a Hércules, tenia las mismas características que en Grecia y se consideraba protector de los caminantes y mercaderes, quienes tras regresar después de haber realizado un buen negocio, destinaban al dios una décima parte de su ganancia con la que se celebraba un banquete en su honor.

También era de procedencia griega el culto a Apolo —dios de la salud, a pesar de la posterior introducción de Esculapio con la misma función— que entró en Roma a través del hallazgo del *Libro Sibilino*, en Cumas, el cual contenía gran cantidad de oráculos y vaticinios de origen griego y que contenía las especificaciones para la celebración de los juegos apolíneos que siguieron —también en Roma— honrando al dios.

LAS TRÍADAS DE DIOSES ROMANOS

La tendencia de venerar a los dioses por grupos de tres procedía de los antiguos cultos etruscos, siendo la primera tríada romana la formada por Júpiter, Marte y Jano, a la que en poco tiempo Quirino la sustituyó en el grupo. La tríada clásica —constituida por Júpiter, Jano y Minerva— fue conocida con el nombre de capitolina por tener su templo en el Capitolio romano, erigido por Tarquino el Joven.

Estela con la diosa Minerva, procedente de Pompeya.

Júpiter reinaba en el Capitolio junto a su esposa Juno —situada a su izquierda— y su hija Minerva —situada a su derecha—. Esta tríada era de origen completamente griego y fue integrada al panteón romano a través de Etruria, siendo fácil identificar en ella a Zeus, su esposa Hera y su hija Atenea, respectivamente.

LA FUNDACIÓN DE ROMA

Eneas, hijo de Anquises —príncipe troyano— y Afrodita, es uno de los vencidos en la guerra de Troya. Partió hacia Macedonia, llevando consigo a su padre herido que moriría en el camino.

En el transcurso de su viaje, desembarcó en costas africanas, concretamente en el reino de Cartago, fundada por Dido cuando —tras el asesinato de su esposo— huía de su tierra, Tiro.

Dido se enamoró de Eneas de tal manera que incluso le ofreció su reino y sus riquezas. Aunque vivieron juntos cierto tiempo, Eneas sentía la necesidad —inducida por los dioses— de buscar su propio reino y a pesar de las súplicas de Dido, este la abandonó. Presa del desespero, se atravesó un puñal en su pecho mientras las velas del barco que en el que embarcó su amado se perdían en el horizonte. Dido murió maldiciéndole, augurándole la eterna enemistad entre los descendientes del troyano Eneas y Cartago.

Cuando Eneas llegó a la península itálica, en Cumas visitó a la sibila que le acompañó en su descenso a los infiernos para consultar a su padre Anquises su futuro. Allí se encontró con Dido y al enterarse que se había suicidado se disculpó e intentó reconciliarse con ella, pero la reina cartaginesa le negó la palabra y se desvaneció en la oscuridad. Por ello, cumpliéndose la maldición de Dido, Roma y Cartago se enfrentaron en sangrientos combates a los que se denominó guerras púnicas.

Mientras estuvo en los infierno y una vez Dido hubo desaparecido, el alma de su padre Anquises le vaticinó la fundación de Roma y la gloria futura a través de los tiempos.

Alba Longa

Tras costear el Adriático hacia el norte, Eneas —prosiguiendo su viaje junto a sus compañeros— llegó al reino itálico de Lacio —desembarcando en la desembocadura del Tíber—, cuyo soberano lo acogió amistosamente e incluso le dio la mano de su hija Lavinia —prometida del rey de los rútulos, por lo que motivó una guerra tras la que desposó a Lavinia — y en honor de su nueva esposa fundó la ciudad que portaría su mismo nombre. Desde entonces fue el rey de latinos y troyanos. Tuvo un hijo al que llamó Ascanio que a la vez tuvo a Silvio que le sucedería en el trono de Alba Longa, fundada por el primero, capital de una gran dinastía de reyes descendientes de Eneas y ciudad matriz de Roma —actual Castel Gandolfo, residencia papal veraniega al sureste de la ciudad eterna—.

Rómulo y Remo

Amulio y Númitor, descendientes de la estirpe enraizada en Alba Longa, protagonizaron una disputa por el trono. Amulio con ansias de poder, a pesar de ser el menor, empujó a Numitor al exilio, mató a su hijo y obligando a consagrarse al culto de Vesta a su hija Rea Silvia, la forzó al celibato. Sin embargo, Marte sedujo a la joven sacerdotisa —vestal— de cuya unión nacieron los gemelos Rómulo y Remo.

Al saber la noticia, Amulio ordenó deshacerse de la madre y de los gemelos, ahogando a la primera y abandonando a los segundos dentro de un cesto en las aguas del Tíber. La corriente del río los escupió hacia la orilla donde una loba que acababa de alumbrar los amamantó hasta que Faustulo —un pastor que padre de doce hijos, los confió a su mujer— los descubrió.

Ya en edad adulta, mientras Remo intentaba diezmar los rebaños de Amulio, fue capturado y encarcelado. Rómulo —que estaba al caso de sus orígenes— mató a Amulio, ocupó su palacio, liberó a su hermano y restituyó el poder a su abuelo Númitor.

Eneas desembarca a orillas del Lacio con su hijo Ascanio y una hembra porcina le indica donde debe fundar su ciudad. Relieve sobre mármol, obra romana, 140-150 d. C.

Loba capitolina o Luperca, estatua de bronce sita en los Museos Capitolinos. Las figuras de Rómulo y Remo le fueron añadidas con posterioridad.

En compensación, este les dio a los hermanos dos colinas —el Palatino a Rómulo y el Aventino a Remo— y los gemelos decidieron construir una ciudad en la colina desde la que cada cual contara mayor número de pájaros. La ciudad se fundó sobre Palatino —Rómulo contó doce buitres y Remo, seis—, pero mientras Rómulo delimitaba la zona sagrada con un arado, Remo, burlón, saltó la zanja y aquel para remediar el sacrilegio inmoló a su hermano Remo con un golpe certero de espada y lo enterró en el Aventino que durante un largo período de tiempo se mantuvo fuera del contorno religioso de Roma.

LOS PRIMEROS DÍAS DE ROMA

Una vez fundada la ciudad, Rómulo la pobló, la dividió en treinta curias —congregaciones— y creó el senado de cien *patres* —cuyos descendientes fueron los patricios—. Pero al principio los primeros habitantes fueron los *asylum*, convirtiéndose en asilo de poscritos y fugitivos de todas clases.

Para remediar la falta inicial de mujeres, organizó unos juegos deportivos a los que invitó a los habitantes de la población vecina de Sabina y aprovechando su ausencia raptó a sus mujeres —suceso que fue conocido como el rapto de las sabinas—, provocando una guerra entre Tito Tacio, rey de los sabinos y Roma. Gracias a las súplicas de las sabinas y a la intervención de Júpiter, cesó la guerra y los dos soberanos pactaron una diarquía hasta la muerte del rey sabino, tras la cual Rómulo gobernó durante treinta y tres años, hasta que desapareció en mitad de una tormenta ante los ojos de sus tropas.

Según algunas versiones, fue transportado al cielo por Marte, su padre y dios de la guerra. El mítico fundador de Roma fue venerado bajo el nombre de Quirino y los ciudadanos romanos fueron llamados quirites.

DICCIONARIO BÁSICO
DE PERSONAJES

ABADIR

Roca que Rea, madre de Zeus, envolvió en pañales y se la dio a comer a Cronos.

ABANTE

Rey de Argos, hijo de Linceo y de Hipermestra, antecesor de Perseo y de su estirpe. Se le considera el fundador de la ciudad focense de Abas. Tuvo con Aglaya dos hijos gemelos, Acrisio y Preto, y una hija, Idómene, que se esposó con Amitaón.

Otro Abante es hijo de Melampo, nieto de Amitaón y, por tanto, biznieto del primero. Se le atribuye la paternidad de Lisímica, esposa de Tálao y madre de Adrastro. El más antiguo, mencionado en la *Ilíada*, se le considera hijo de Poseidón y de la ninfa Aretusa, divinidad de una fuente de Calcis.

ACASTO

Hijo de Pelias, rey de Yolcos. Tomó parte de la expedicion de lo argonautas y pereció con su mujer en las manos de Peleo.

ACAMANTE

Hijo de Teseo y Fedra. Soberanos del Ática. Tras la muerte de los Palantidas por parte de Teseo, es enviado con su hermano Demofonte a Eubea para evitar represalias. Forma parte de los guerreros que entran en Troya dentro del famoso caballo. Cuando la ciudad es tomada, libera a su abuela Etra, que era una esclava de Helena. Su leyenda se confunde con la de su hermano.

ACIS

Joven pastor siciliano, hijo de Fauno y de la ninfa Simetis. Ovi-

Artemisa y Acteón.

dio, en las *Metamorfosis* cuenta que el cíclope Polifemo —enamorado de Galatea— sorprendió a los amantes y en un arranque de celos le arrojó una roca y lo aplastó. A su muerte se convirtió en el río que lleva su nombre en las proximidades del Etna.

ACRISIO

Hijo de Abante y de Aglaye. Luchó con Preto, su hermano gemelo, por el trono de su padre. Resolviendo dividir el reino, Acrisio se quedó con Argos y Preto con Tirinto. Como un oráculo le vaticinó que moriría a manos de su nieto, encerró a su hija Dánae para evitar que tuviera descendencia. Cuando Dánae tuvo al hijo de Zeus, Acrisio metió a su hija junto a su nieto Perseo en un arca, lanzándolos al mar.

ACTEÓN

Hijo de Aristeo y Autónoe. Criado por el centauro Quirón fue un gran cazador. Artemisa lo transformó en ciervo y fue despedazado por sus propios perros.

ADMETO

Rey de Feras. Con la ayuda de Apolo, consiguió la mano de Alcestis. En la noche de bodas, habiendo olvidado hacer los honores a Artemis se encontró como castigo las serpientes que presagiaban su muerte. Apolo intercedió por él, si alguien ocupaba su lugar, no moriría. Su esposa fue la única que se ofreció a tal sacrificio, pero Hércules la salvó.

ADONIS

Joven de espléndida belleza. Fruto de los amores incestuosos de

Estatua de Adonis.

Mirra con su padre Tías, soberano de Síria. El padre, seducido con engaños, al enterarse de la identidad de su amante intentó matarla. Los dioses se apiadaron de ella y la transformaron en el árbol de la mirra para salvarla. Meses más tarde surgió Adonis de la corteza del árbol. Afrodita y Perséfone se disputaron al hermoso joven. Finalmente Zeus, dictaminó que Adonis debía pasar un tercio del año con Afrodita, otro con Perséfone y otro con quien escogiera. Adonis decidió pasar ese tiempo con Afrodita. Murió embestido por un jabalí. En Atenas durante las fiestas de Adonis las mujeres plantaban semillas en pequeños tiestos que regaban con agua caliente. Las plantas germinaban antes pero morían a los pocos días.

ADRASTO

Soberano de Argos, que acogió a Polínice en su corte y le dio por esposa a su hija Argía. Único superviviente de la expedición conocida como los Siete de Tebas que él mismo organizó para restablecer a Polínice en el trono de Tebas. Más tarde triunfó en otra campaña contra Tebas junto a los Epígonos.

AEDÓN

Mujer de Zeto, rey de Tebas. Convertida en ruiseñor por Zeus, con su canto melancólico, lamenta la pérdida de su único hijo asesinado por ella misma por error creyéndolo ser el hijo mayor de su cuñada Níobe, de la que sentía celos obsesivos por tener siete hijos.

AEGIS

Escudo que Atenea regaló a Perseo

Afrodita.

Grabado que representa una moneda de Cnido mostrando a la Afrodita de Cnido de Praxíteles.

para que lo ayudara en su combate con Medusa.

AELO
Nombre de una de las harpías, la cual algunas veces también recibe el nombre de Nicótoe.

AFRODITA
Nace de la espuma que forman en el mar los testículos cercenados de Urano. Simboliza el atractivo sexual, posee un ceñidor que la hace irresistible a hombres y a dioses. Para castigar su orgullo, es entregada en matrimonio a Hefesto, el dios menos agraciado del Olimpo. Son frecuentes sus infidelidades con dioses y mortales, en especial, con Ares.

AGAMENÓN
Hijo de Atreo y Aérope. Rey de Argos y de Micenas. Comanda la expedición hacia Troya para recuperar la esposa y los tesoros que le han sido arrebatados a su hermano Menelao. A su regreso de la contienda es asesinado por su esposa Clitemestra y por Egisto, el amante de su esposa. Su muerte es vengada por su hijo Orestes.

AGAVÉ
Hija de Cadmo y Harmonía, hermana de Sémele. Por haber calumniado a su hermana, amante de Zeus, Dioniso hizo que enloqueciera y en un ataque de delirio confundió a su hijo Penteo, rey de Tebas, por un león y lo despedazó.

AGENOR
Hijo de Poseidón y de Libia, hermano gemelo de Belo. Emigró de

Agamenón, padre de Ifigenia.

Egipto y se estableció en Canaán. Con Telefasa tuvo a Europa, Cílix, Fénix, Tasos, Fineo y Cadmo, fundador de Tebas. Cuando Zeus raptó a Europa mandó a sus hijos en su búsqueda advirtiéndoles que no regresaran sin ella. Al no encontrarla, estos fueron asentándose en diferentes lugares.

ALCEO
Hijo de Perseo y Andrómeda. Con Astidamía engendró a Anaxo y a Anfitrión.

ALCESTIS
Hija de Pelias y Anaxibia. Su gran número de pretendientes hizo que Pelias propusiera una prueba para elegir al futuro esposo. Alcestis se casaría con aquel que lograse uncir un león y un jabalí. Admeto venció con ayuda de Apolo. Más tarde se ofreció a morir en lugar de su marido. Fue salvada del Hades por Heracles, que la rescató de la muerte y la devolvió a su marido. También fue la única que no colaboró en la muerte de su padre, a pesar de las intrigas de Medea.

ALCIMEDA
Hija de Fílaco y de Clímene. Desposada con Esón y madre de Jasón y Prómaco. Cuando se enteró de la muerte de su esposo y de su hijo pequeño, se suicidó con una espada.

ALCINOO
Rey de los Feacios. Descendiente de Poseidón. Su hija Nausicaa encontró a Ulises en la playa después del naufragio de este. Proporcionó al héroe naves para llegar a la cercana isla de Ítaca.

Morfeo toma la forma de Ceix frente a Alcíone.

Protegió a Jasón y a Medea de los emisarios que habían llegado a la isla para reclamar la devolución de Medea.

ALCÍONE

Hija de Éolo y de Enareta. Se casó con Ceix. Eran tan felices que osaron compararse con Hera y Zeus. Por su atrevimiento fueron transformados en aves, él en somormujo y ella en Alción.

Una historia bastante distinta es la que cuenta Ovidio: Ceix, casado con Alcíone, había decidido ir a consultar a un oráculo. En su viaje, le sorprendió una tempestad y su navío fue destruido, muriendo ahogado. Las olas le devolvieron a la orilla, donde lo encontró su esposa. Desesperada se transformó en ave de voz lastimera y los dioses concedieron al marido una metamorfosis semejante.

ALCIPE

Hija de Ares y de Aglauro. Madre de Dédalo. En una ocasión Halirrotio, un hijo de Poseidón, intentó violarla en una colina cercana a la fuente de Asclepio. Viéndolo Ares, acudió al lugar y dio muerte a Halirrotio. En ese mismo sitio Poseidón convocó un tribunal formado por dioses que juzgó a Ares por el asesinato. El dios fue absuelto. A partir de entonces la colina fue llamada colina de Ares y allí se reunía el tribunal de Areópago.

ALCMENA

Hija de Electrión, rey de Micenas y de Anaxo, nieta de Peseo. Se casó con su primo Anfitrión pero juró

Las tribulaciones de Alcmena, grabado para el Libro IX de *Las metamorfosis de Ovidio.*

no unirse a él hasta que fuese vengada la muerte de sus hermanos. La noche que Anfitrión regresaba con la misión cumplida, Zeus, tomando la forma del novio, se unió a la muchacha engendrado a Heracles. Al descubrir la infidelidad Anfitrión intentó matarla, pero Zeus se lo impidió apagando la pira que le estaba destinada. El adivino Tiresias le convenció de la inocencia de la joven y esa misma noche se acostó con ella engendrando a Íficles. Hera retrasó el parto de los mellizos para que Heracles no fuese el rey de Micenas. Algunas versiones relatan su segundo matrimonio con Radamantis.

ALCMEÓN
Hijo de Anfiarao y de Erifile, soberanos de Argos. Lideró la expedición de los Epígonos. A su vuelta, asesinó a su madre para vengar la muerte de su padre en la expedición de los Siete contra Tebas, por obligarle a participar en ella solo por satisfacción de su vanidad. Por este acto fue perseguido por las Erinias, huyendo de ellas llegó a Psófide donde se casó con la hija del rey, Arsíone. Cuando la tierra sufrió el flagelo de la aridez a causa de su presencia, él huyó hacia la desembocadura del río Aqueloo y se casó con Calirroe, hija del dios del río. El rey y sus hijos persiguieron a Alcmeón y lo mataron.

ALETES
Hijo de Egisto y Clitemestra. Tomó por la fuerza el trono de Micenas, cuando llegó la falsa noticia de que Orestes había

Amazonas con y sin atributos guerreros, con la típica indumentaria y un seno descubierto.

muerto, mientras estaba en Táuride. A su regreso Orestes lo mató para recuperar el trono.

ALTEA

Hija de Testio y de Eurítemis, soberanos de Etolia. Esposa de Eneo, rey de Calidón. Madre de Meleagro y Deyanira. Cuando Meleagro era niño, las Moiras le comunicaron que el niño moriría cuando un tizón que ardía en el hogar terminase de quemarse. Ella lo recogió, apagó y guardó. Durante la cacería de Calidón, irritada contra su hijo por haber dado muerte a sus tíos, arrojó el tizón al fuego. Al darse cuenta de lo que había hecho se suicidó.

AMALTEA

La ninfa que crió a Zeus. Según las versiones Amaltea también es el nombre de la cabra con cuya leche lo amamantó. La piel de esta cabra la utilizó Zeus como égida, llevándola sobre los hombros a modo de armadura en su lucha contra los titanes. También se la relaciona con el cuerno que Zeus arrancó y le dio a Amaltea, prometiéndole que le proporcionaría en abundancia todo lo que deseara.

AMAZONAS, LAS

Pueblo legendario de mujeres guerreras, de las que se creía que eran hijas de Ares, dios de la guerra. Contra ellas combatieron los más célebres guerreros, dada la fama que tenían de invencibles. Uno de los Doce Trabajos de Heracles fue enfrentarse a Hipólita, la reina de las Amazonas. Más tarde, Teseo las derrotó cuan-

Amaltea, la ninfa que crió
a Zeus, y los Curetes.

do invadieron el Ática. Aunque con frecuencia son representadas con el pecho derecho cubierto, no hay indicios de que se mutilaran.

AMBROSÍA

Alimento de los dioses. Junto con el néctar otorgaba la juventud y la dicha y aseguraba la inmortalidad. En una proporción de un quinto sus ingredientes eran el vino, la miel, copos de trigo, queso molido y aceite de oliva, todo en una mezcla.

AMICLAS

Lugar donde se celebran las bodas de Menelao con Helena, la mujer más hermosa del mundo. Y donde Tindáreo, padre terrenal de Helena, hace que los numerosos pretendientes de la muchacha juren respetar y proteger al elegido, por el cual se vieron obligados a emprender la guerra contra Troya, después de su rapto.

ÁMICO

Hijo de Poseidón y de la ninfa Melia. Rey de los bébrices en Bitinia. Gigante de gran tamaño y fortaleza que desafiaba al combate a los extranjeros y les mataba a puñetazos. Cuando llegaron los argonautas se enfrentó a Pólux, que salió vencedor.

AMIMONE

Hija del rey de Argos, Dánao y de Europa, una hija del dios-río Nilo. Debido a una sequía que devastaba la zona, Dánao envió a sus cincuenta hijas en busca de agua. Amimone, fatigada por la búsqueda se paró a descansar, en ese momento un sátiro intentó vio-

Andrómaca por Jacques-Louis David (museo del Louvre).

larla. La muchacha invocó a Poseidón y el dios acudió a socorrerla, tras lo cual se unió a él. Después Poseidón le mostró a Amimone la fuente de Lerna. Con Poseidón, Amimone tuvo a Nauplio.

AMÍNTOR

Hijo de Hormenio y rey de Ormenio. Se casó con Cleobule y Clitia fue su amante. Padre de Fénix y Astidamia. Participó en la cacería de Calidón, fue derrotado por Peleo. Murió a manos de Heracles, por negarle la mano de su hija Astidamía e impedirle el paso por sus posesiones.

ANDROGEO

Hijo de Minos y Pasífae. Soberanos cretenses. En cierta ocasión, acudió a Atenas para participar en los juegos Panateneos. Allí hizo amistad con los Palantidas. Egeo, rey de Atenas, temeroso que Creta se uniese a los Palantidas contra Atenas, mató al muchacho.

ANDRÓMACA

Hija de Eetión, rey de la Tebas situada en Misia. Su ciudad natal fue saqueada por Aquiles durante la guerra de Troya. En esta contienda murieron su padre y sus siete hermanos. Casada con Héctor, tuvo a Escamandrio. Tras la muerte de su marido a manos de Aquiles y la caída de Troya, Neoptólemo, un hijo de Aquiles, mató a Escamandrio y se llevó cautiva a Andrómaca hacia sus posesiones de Epiro. Convertida en su concubina, engendró a Moloso, Píelo y Pérgamo. Al morir Neoptólemo, Andrómaca se

Andrómaca.

casó con Héleno —hermano de Héctor— con quien reinó en Epiro y tuvo a Cestrino. Uno de los mitos cuenta que al final de su vida emigró con su hijo Pérgamo a Misia, donde fundaron una ciudad con su nombre.

ANDRÓMEDA

Ofrecida en sacrificio a un mónstruo marino fue rescatada de las tragaderas del monstruo por Perseo, cuando regresaba a su tierra con la cabeza de Medusa. Después de matar al monstruo combatió con Fineo, tío y pretendiente de la joven y ayudado por la cabeza de Medusa lo convirtió en piedra. Huyó con Perseo del que engendraría a Perses, Alceo, Esténelo, Heleo, Méstor, Electrión y a Gorgofone. Junto con Perseo y sus padres, Cefeo —rey de Etiopía— y Casiopea fue convertida en constelación a su muerte.

ANFIARAO

Hijo de Oícles y de Hipermestra. En ocasiones aparece en la lista de los Argonautas. Adivino que gozaba de la protección de Zeus y de Apolo. Para hacerse con el trono en Argos mató a su tío Tálao y desterró a su primo Adrasto. Después pactó la reconciliación con Adrastro sellándola con su matrimonio con Erifila, hermana de Adrastro, promesa que le llevó a la muerte, pues cuando Adrasto le propuso que formase parte de la expedición de Los siete contra Tebas, Anfiarao se negó por intuir el desastre de la expedición y su propia muerte. Pero Erifila, sobornada con un objeto mágico, decidió a favor de la guerra.

Anfítrite y Poseidón.

ANFIÓN

Hijo de Zeus y Antíope, hermano gemelo de Zeto y esposo de Níobe, hija de Tántalo. Mítico inventor de la música, a los acordes de su lira se trasladaron y colocaron las piedras que forman las murallas de Tebas. La pérdida de su mujer le ocasionó la muerte.

ANFITRIÓN

Hijo de Alceo, rey de Tirinto y de Astidamía. Era el prometido de Alcmena, hija de su tío Electrión rey de Micenas, al que mató involuntariamente luchando contra los hijos de Pterelao. Por ello, con su mujer, se refugió cerca de Creonte de Tebas. Éste le facilitó medios para luchar contra Pterelao, a quien venció. En su ausencia, Zeus había engendrado a Heracles cohabitando con Alcmena.

ANFÍTRITE

Hija de Nereo y Dóride. Raptada por un delfín, se convirtió en esposa de Poseidón. Aparece representada sobre un carro del que tiran unos delfines o corceles marinos y al que escoltan tritones y nereidas. Provocada por las continuas infidelidades de Poseidón a veces se venga con crudeza de sus rivales —a Escila la transformó en un monstruo de seis cabezas porque Poseidón la cortejaba—.

ANIO

Hijo de Apolo y de una descendiente de Dioniso llamada Reo. Soberano de Delos. Apolo le concedió el don de la profecía. Con Doripe tuvo a tres doncellas —Elais (olivo), a Eno (vino) y a Espermo (semilla)— a las que Dioniso les había concedido la

Eneas y Anquises,
de Pierre Lepautre (1697).

facultad de producir aceite, vino y trigo a voluntad. Por ello, los aqueos se encomendaron a ellas para abastecer a su ejército durante el asedio de Troya. Las Viñadoras —nombre con el que también se las conocía— acudieron voluntariamente, pero decidieron huir, cansadas ya de su servitud. Mientras los aqueos las perseguían, pidieron ayuda a Dioniso, quien las transformó en palomas.

ANQUISES

Hijo de Capis y Temiste. Rey de los Dárdanos. Unido a Afrodita, fue Padre de Eneas. Zeus le dejó ciego —o cojo, según otros— por jactarse de sus amores con la diosa. Afrodita se enamoró de él con quien tuvo a Eneas, el fundador de Roma. Pero la diosa le había prohibido que lo divulgara. Anquises,

sin embargo, se jactó de ello ante sus compañeros, por lo que fue castigado con la ceguera. Viejo y ciego, fue rescatado de la agonizante ciudad de Troya por su hijo Eneas, quien lo trasladó a hombros hasta las costas itálicas.

ANTENOR

Consejero del rey Príamo durante la guerra de Troya, siempre estuvo a favor de encontrar una salida pacífica entre griegos y troyanos. Apoyó la solución del problema, con un enfrentamiento entre Paris y Menelao y aconsejó la devolución de Helena a Menelao, pero también que se permitiera la entrada en Troya del caballo de madera, por lo que fue acusado de traición y tuvo que refugiarse en Italia. Según una leyenda romana, se le atribuye la

Anteo.

fundación de Patavium (nombre romano de Padua).

ANTEO

Hijo de Poseidón y Gea, era el gigante que mataba a todos los extranjeros llegados a Libia. Dotado de una fuerza extraordinaria e invulnerable mientras tocaba la Tierra —su madre—, Heracles pudo ahogarlo mientras lo mantuvo en el aire.

ANTEROS

Hijo de Ares y Afrodita. Hermano gemelo de Eros y tío de Voluptua. Representa el amor no correspondido.

ANTICLEA

Hija de Autólico. Hermana de Polimedes y esposa de Laertes, rey de Ítaca con quien engendró a Odiseo (Ulises). Deprimida por la ausencia de su hijo, se suicidó antes de que Odiseo regresase a Ítaca.

Es una de las almas que ve Ulises en su descenso a los infiernos.

ANTÍGONA

Hija de Yocasta y de Edipo, de quien era también hermanastra. Antígona acompañó a Edipo en su destierro hasta la muerte de este, regresando de nuevo a Tebas, aunque la tragedia marcaría su destino. Creonte —su tío— dictaminó su muerte tras desobedecer la prohibición de sepultura de su hermano Polonices muerto junto a su hermano Eteocles —al que se le rindieron honores de rey— en la campaña de Los siete contra Tebas. Antes de ser enterrada viva, se suicidó.

Asamblea olímpica: Apolo, Zeus y Hera. Cratera etrusco de cáliz de figuras rojas, 420-400 a.C. De Etruria.

ANTINOO

Líder de los pretendientes de Penélope, es el primero que cae bajo las flechas de Odiseo. Violento y orgulloso, intentó matar a Telémaco, hijo de Odiseo (Ulises) e incitó a sus compañeros a dilapidar la fortuna de este a base de banquetes, para obligar a Penélope a que se decidiera por alguno de sus pretendientes. Es el primer pretendiente que cae bajo las flechas de Odiseo.

ANTÍOPE

Hija de Nicteo, rey de Tebas. Zeus la sedujo tomando la forma de un sátiro y de esta unión nacieron los gemelos Anfión y Zeto. Hermana de Hipólita, la reina de las amazonas. En la expedición de Heracles contra las amazonas, Antíope es secuestrada. Posteriormente se desposa con Teseo y le da un hijo, Hipólito. Cuando Teseo la repudia para casarse con Fedra, las amazonas atacan Atenas y así vengan a Antíope, muerta a manos de Teseo.

APOLO

Hijo de Zeus y Leto. Pertenece a la segunda generación de dioses Olímpicos. Hermano gemelo de Artemisa. Era el dios más venerado de Grecia después de Zeus. Es el dios de las artes, presidía el oráculo de Apolo, en Delfos. Aunque nunca se casó, su descendencia es numerosa, compuesta principalmente, por héroes relacionados con su culto.

APSIRTO

Hermano de Medea, la cual le despedazó y dispersó sus miembros

Lucha entre Héctor y Aquiles ante Palas Atenea.

por el camino para obligar a su padre a detenerse y de este modo ganar tiempo para huir con Jasón.

AQUELOO
Divinida fluvial, personificación del río homónimo. Hijo de Océano y de Tetis. Con Melpómene tuvo a las sirenas. Se le considera padre de Castalia y Pirene, personificación de dos famosas fuentes situadas en Delfos y Corinto respectivamente. También es padre de Calirroe, la segunda esposa de Alcmeón. Su leyenda más famosa la protagoniza junto a Heracles en el enfrentamiento que ambos tuvieron por la mano de Deyanira.

AQUERONTE
Río de la Tesprótida, en el Epiro, que formaba junto al mar una lengua pestilente y era, según la leyenda, lugar de paso para los infiernos; las almas de los muertos debían cruzarlo en la barca de Caronte.

AQUERUSÍA
Lago donde Tántalo sufre tormento. Por su traición a los dioses Tántalo fue condenado a pasar hambre y sed eternamente. Permanece sumergido en el lago Aquerusía rodeado de exquisitos frutos al alcance de su mano.

AQUILES
Hijo de Peleo y la diosa Tetis quien lo sumergió en el río Estigia, que concedía el don de la invulnerabilidad. El punto débil de Aquiles era el talón, que no había tocado el agua, pues era el sitio, por donde su madre lo sujetaba. Fue el principal héroe en el sitio de Troya.

Ares.

Educado por el centauro y médico Quirón.

ARACNÉ

Aracné fue una habilísima artesana. Presumiendo ser mejor que Atenea, la desafió. Atenea, con forma de anciana, tejió un tapiz mostrando cómo los dioses castigaban a los mortales que los desafiaban. Aracné respondió con un tapiz que mostraba a los dioses y sus amoríos escandalosos. Atenea, furiosa, la transformó en araña, el animal que teje constantemente.

ARCAS

Hijo de Zeus y de la ninfa Calisto. Fue transformado en oso por su padre para librarle de las iras de Hera. Muerto por Afrodita, fue transformado por Zeus en la constelación Osa Menor.

AREÓPAGO

Colina rocosa que se alza al oeste de la Acrópolis de Atenas, en donde fue juzgado el dios Ares por un tribunal divino y donde luego se reunía el tribunal superior de la antigua Atenas.

ARES

Dios griego de la guerra, hijo de Zeus y Hera. Es, más exactamente, la personificación de la fuerza brutal e irreflexiva por lo que no siempre sale vencedor en los combates; así, resulta herido diversas veces, por Diómedes, por Atenea y por Heracles. Su culto, de origen tracio, arraigó especialmente en Tebas y Atenas. Se le atribuye la paternidad de muchos hijos, habidos con mujeres diferentes, pero la más célebre de sus relaciones amorosas es la que mantuvo

Ariadna.

con la dios Afrodita, hasta que Hefesto los sorprendió. Los romanos lo identificaron con Marte.

ARETUSA

Ninfa procedente de Acaya compañera de la diosa Artemisa y por lo tanto célibe. Cierto día en el que se bañaba en un río una voz surgió del agua. Era la voz de Alfeo, dios del río, intentando conquistarla. Aretusa salió del agua y fue perseguida durante largo tiempo. Por fin la ninfa solicitó ayuda a Artemisa que la transformó en una fuente cuyas aguas se hundían en la profundidad de la tierra. En la actualidad la fuente de Aretusa es una atracción turística.

ARGO

Hijo de Frixo y Calcíope. Nació y se crió en la Cólquide, tierra que abandonó para reclamar la herencia de su abuelo Atamante. Debido a un naufragio llegó a isla de Aria, donde él y sus hermanos fueron recogidos por los argonautas. Al marcharse los argonautas de la Cólquide, se unió a ellos. Ya en Grecia se casó con la hija de Admeto, Perimela, con la que tuvo a Magnes.

ARGONAUTAS

Con el nombre de Argonautas se conoce a los héroes que acompañaron a Jasón en su búsqueda del vellocino de oro. El nombre procede del nombre de la nave, Argo y este a su vez del nombre del constructor de la nave, llamado Argos.

ARGO, NAVÍO

Navío de los argonautas que toma el nombre de su constructor, Argos.

Juno recibiendo
la cabeza de Argos
de Jacopo Amigoni.

ARGOS

La ciudad más antigua de Grecia, bañada por el Ínaco. Toma su nombre de un hijo de Zeus y Níobe llamado, Argo. Fue un importante centro artístico donde se forjaron escultores como Poli-cleto. De allí partió la expedición que ha sido llamada Los siete contra Tebas.

Perro de Ulises. También es el nombre de uno de los perros que devoraron a Acteón cuando fue convertido en ciervo.

Nieto de Argo, rey de Argos.

Argos, también llamado Argos Panoptes —el que lo ve todo—, es famoso por tener numerosos ojos repartidos por todo el cuerpo. Poseía una gran fuerza. En Arcadia mató a un toro que asolaba el país y libró a los arcadios de un sátiro que les robaba. Mató a Equidna. Murió a manos de Hermes mientras custo-diaba a Io, mientras duró la transformación de la muchacha en vaca.

ARIADNA

Princesa cretense, hija de Minos y Pasífae. Enamorada de Teseo, le facilitó el ovillo que había de permitirle encontrar la salida del laberinto después de matar al Minotauro. Cuando Teseo marchó de Creta, la llevó consigo abandonándola más tarde en la isla de Naxos. Dioniso, que acudió a consolarla, la desposó llevándosela con él al Olimpo, no sin antes vengarse de Teseo por abandonarla. Uno de sus hijos fue Enopión.

ARIMASPOS

Pueblo fantástico que tenían un solo ojo y mantenían un continuo enfrentamiento con los Grifos, guardianes del oro y los tesoros.

Aristeo.

ARIÓN
Caballo mítico por su velocidad. Hijo de Poseidón, transformado en caballo y de Deméter, transformada en yegua.

ARISTEO
Hijo de Apolo y de la ninfa Cirene. Educado en las artes de la curación y la profecía, recorrió muchas regiones compartiendo su conocimiento. Protector de los cazadores, pastores y rebaños e inventor de la apicultura y del cultivo del olivo. Intentó seducir a Eurídice —esposa de Orfeo— y esta en su huída recibió una mortal mordedura de una serpiente. Las ninfas enfurecidas causaron la muerte de todas sus abejas, pero él las apaciguó con un sacrificio de ganado, de cuyas osamentas surgieron nuevos enjambres de abejas.

AÉROPE
Princesa cretense, hija de Catreo y nieta de Minos. Un oráculo desveló a Catreo que moriría a manos de uno de sus hijos. Así, Aérope y su hermana Clímene fueron vendidas como esclavas. Se casó con Atreo, de quien tuvo a Agamenón y a Menelao, pero fue amante de su cuñado Tiestes. Robó el vellocino de oro —que aseguraba la corona de Micenas— a su marido para entregárselo a su amante. Enterado Atreo del robo, la arrojó al mar.

ARSINOE
Hija de Fegeo, rey de Psófide. Primera esposa de Alcmeón. Maldijo a su padre y sus hermanos por asesinar a su esposo. Los asesinos murieron a manos de los hijos que Alcmeón tuvo con su segunda esposa.

Artemisa.

ARTEMISA

Hija de Zeus y Leto. Hermana gemela de Apolo. Diosa de la caza y protectora de la fuerza vegetativa. Diosa virgen de la castidad y tutora de la juventud de ambos sexos, iba armada de arco y flechas y se le atribuían, al igual que a Apolo, virtudes curativas y purificadoras. Su equivalente romana es Diana.

ASCÁLAFO

Hijo de la ninfa Éstinge y de Aqueronte. Jardinero del Hades. Descubrió a Perséfone comiendo en el Hades y la delató, por lo que ésta ya no podía regresar al mundo de los vivos. Deméter, para vengarse de él, lo sepultó bajo una roca de la que le sacó Heracles, entonces la diosa lo transformó en lechuza.

ASCANIO

Hijo de Eneas y de Creúsa. Huyó de Troya con su padre, la noche que la ciudad fue tomada. Sucedió a su padre como rey de Lavinio, donde se habían establecido. Fundó Alba Longa, la futura Roma.

ASCLEPIO

Hijo de Apolo y Corónide. Dios de la medicina. Educado por el centauro Quirón, quien le enseñó el arte de la medicina. Tanta fue su habilidad que consiguió resucitar a los muertos. Fue fulminado por Zeus por haber resucitado a Hipólito y después, en honor a sus méritos, le elevó a la categoría de dios. Se le representaba como un hombre de edad madura, con una culebra enroscada en el brazo o en la mano.

La furia de Atamante, de John Flaxman (1755-1826).

ASIA

Oceánide que dio nombre al continente así llamado. Hija de Océano y Tetis. Se unió, según algunas versiones, a su tío Jápeto.

ASTERIA

Hija de los titanes Ceo y Febe. Hermana de Leto. Para zafarse de Zeus, se transformó en codorniz y se sumergió en el mar y se convirtió en la isla Ortigia —la isla de las codornices— que más tarde se llamó Delos, donde su hermana Leto dio a luz a sus hijos. Con Perses tuvo a Hécate.

ASTREO

Hijo de el titán Crío y de Euribia. Con Eos —la Aurora— engendró a los vientos Bóreas, Céfiro, Noto, Euro y también a Eósforo —la estrella de la mañana.

ATALANTA

Heroína que participó en los juegos fúnebres en honor a Pelias (Peleo), en la cacería de Calidón y en la expedición de los Argonautas. Hija de Yaso y Clímene —según las versiones de Esqueneo, o quizás de Atamante y Temisto—. Madre de Partenopeo, fruto de su matrimonio con Hipómenes —o de su unión con Meleagro, según las versiones, o incluso con Ares.

ATAMANTE

Rey beocio que se unió en primeras nupcias a Néfole, con la que tuvo a Frixo, Hele y Macisto. Después de repudiarla se casó con Ino de la que tuvo a Learco y Melicertes. Como Ino trató de matar a sus hijastros, Zeus envío al vellocino de oro, que se llevó

Atenea.

a los niños volando a la Colquide. Cuando Atamante supo lo ocurrido, Ino tuvo que huir de las iras de su esposo. El rey, creyéndola muerta se casó en terceras nupcias con Temisto, con quien tuvo a Esfingio y Orcómeno. Temisto atentó contra los hijos de Ino, pero confundida mató a sus propios hijos.

ATE

Hija de Zeus y de Eris. Diosa de las acciones irreflexivas y sus consecuencias es la personificación del error. Interviene para que Euristeo naciera antes que Heracles y de esta manera obtuviera el trono de Micenas. Cuando Zeus la arrojó del Olimpo por sentirse engañado, cayó en Frigia, en una colina que a partir de entonces se llamó colina de Ate. En esta colina Ilo fundó Ilión (Troya). Fue responsable de la disputa entre Agamenón y Aquiles por sus respectivas concubinas Criseida y Briseida durante la Guerra de Troya.

ATENEA

Hija de Zeus y Metis. Es un de las seis diosas principales del panteón griego clásico. Diosa de la sabiduría, guardiana de la justicia y las leyes. Aunque es una diosa virgen, actúa como madre adoptiva de héroes como Perseo o Teseo. Se representa con casco, lanza y escudo, sobre el que solía figurar la cabeza de la Gorgona. Se la nombra con diversos epítetos, como el de Parthenos, Nike, Glaukopis y Palas. Su equivalente romana es Minerva.

ATIS

Antiguo dios asiático de la vegeta-

Atlas.

ción —también llamado Córibas— adorado en Frigia y en Lidia que está asociado al culto de la diosa Cibeles. Símbolo de la vida que muere para renacer eternamente.

ATLAS

Titán hijo de Jápeto y Clímene. Hermano de Epimeteo, Menecio y Prometeo. Lideró a los titanes en su lucha contra los Olímpicos. Al perder, fue condenado por Zeus a cargar sobre sus hombros la bóveda del cielo. Casado con Pléyone, tuvo a las Pléyades y a las Híades. Con Hespéride tuvo a las ninfas Hespérides. Se le adjudican otros hijos como Dione, Hiante y Héspero. Sólo en una ocasión pudo descansar brevemente de su castigo, cuando Heracles, en uno de sus doce famosos trabajos, le convenció para que recogiera para él las manzanas de oro que custodiaban las Hespérides. Terminó convertido en monte Atlas cuando el contrariado Perseo sacó la cabeza de Medusa del zurrón en que la guardaba.

ATREO

Hijo de Pélope e Hipodamía. Rey de Argos y de Micenas. Padre de Agamenón y Menelao, que por él recibieron el sobrenombre de Atridas. Su hermano Tiestes se hizo amante de su esposa Aérope e intentó arrebatarle la corona de Micenas. Por esta razón, Atreo asesinó, cocinó y le sirvió a los propios hijos de Tiestes. Este huyó horrorizado tras maldecir a Atreo y a todos sus descendientes —los Atridas—. Fue muerto por Egisto, hijo del incesto de Tiestes con su hija Pelopia.

Attis.

ÁTRIDAS

Descendientes de Atreo, del que toman el nombre. Famosa dinastía griega constante fuente de inspiración sobre todo para los trágicos griegos. Las desventuras de esta estirpe empiezan con Tántalo, abuelo de Atreo y terminan con Ifigenia, Electra y Orestes, nietos de Atreo.

AUGIAS

Hijo de Helios y de Hirmine. Rey de Élide, en el Peloponeso. Participó en la expedición de los Argonautas. Heracles limpió sus sucios y enormes establos en su sexto trabajo, pero se enemistó con el rey, por negarle el salario establecido. Como venganza, años más tarde Heracles invadió su reino y lo mató.

AURORA

Hija de Hiperión y Tía. Al sorprenderla Afrodita en una ocasión, haciendo el amor con Ares la condenó a permanecer eternamente enamorada.

AUTÓLICO

Nacido de la unión de Quíone con Hermes en la misma noche que esta se unía a Apolo. Hermano gemelo de Filamón —hijo de Apolo. Hermes le concedió el don de las artes del robo. Víctimas de sus hurtos fueron Amitor, Ífito, y Éurito, siendo Sísifo el único que pudo desenmascararle. Padre de Anticlea y de Polimedes, fue abuelo de ilustres héroes como Odiseo (Ulises), Jasón y Sinón. Participó en la expedicion de los Argonautas. Instruyó a Heracles en el arte del pugilato y murió también en sus manos.

Áyax llevando el cadáver de Aquiles, protegido por Hermes.

AYAX, EL MAYOR

Invencible en la carrera, el lanzamiento de jabalina y el tiro con arco. Hijo de Oileo, rey de los locrios. Al contrario que su homónimo, se le conocía por su mal genio, era orgulloso, cruel con sus enemigos e impío con los dioses. Durante la toma de Troya osó violar a la sacerdotisa Casandra, que se había agarrado a la estatua de Atenea buscando su sagrada protección. Irritada ante tal profanación, la diosa hundió sus barcos en la vuelta a su país. Aun así Ayax logró salvarse con la ayuda de Poseidón, pero al presumir de haber sobrevivido, Atenea le lanzó un rayo de su padre Zeus.

AYAX TELEMONIO, EL MENOR

Hijo de Telamón y Peribea. Es el rey de Salamina. Guerrero de gran estatura y fuerza colosal, fue el héroe más valeroso, después de Aquiles y el único de los aqueos que no recibió ayuda divina durante la guerra de Troya.

Se enfrentó en singular combate a Héctor, con quien intercambió sus armas. Enloqueció de rabia por no conseguir la armadura del finado Aquiles, concedidas a Odiseo. Durante su delirio atacó un rebaño de ovejas creyéndolas guerreros. Al recobrar la razón, sumido en la vergüenza, se suicidó con el arma que había sido de Héctor.

BACANTES

Sacerdotisas de Baco. Se las asimiló a las Ménades, que fueron las ninfas que criaron a Dioniso. Mujeres arrebatadas por el delirio, que danzaban y realizaban ritos en trance místico, semidesnudas y presas de un furor salvaje, perseguían animales que luego eran devorados. Se les atribuye la muerte de Orfeo en una de sus orgías, al que despedazaron por negarse rendir culto a Dioniso. Según algunas versiones, Dioniso las transformó en árboles como castigo.

BACO

Nombre romano del dios Dioniso.

BAUCIS

Mujer frigia esposa de Filemón. En cierta ocasión Zeus y Hermes quisieron comprobar la hospitalidad de los frigios. Recorrieron la comarca sin que nadie les diese cobijo, hasta que llegaron a la casa de unos humildes ancianos donde se les recibió con toda cortesía. Zeus irritado mandó un diluvió que cubrió completamente Frigia con excepción de la casa de Baucis y Filemón que quedó convertida en templo. Los ancianos habían solicitado morir juntos por lo que llegado el momento se cubrieron de follaje y fueron transformados en árboles.

BELEROFONTES

Hijo de Poseidón y Eurimede. Su padre humano fue Glauco, rey de Corinto, por lo que su abuelo es Sísifo. Acusado falsamente, de intentar seducir a la esposa de otro, es enviado a matar a la Quimera,

Belerofontes.

con la velada intención, de que muriese en el empeño. Montado en Pegaso, sale victorioso y protagonizará numerosas leyendas. Intentó subir al Olimpo con su caballo alado. Zeus, irritado, mandó un tábano, que picó a Pegaso y este asustado dejo caer a Belerofontes, que murió en la caída. En otra versión Zeus le castigó a quedar cojo y ciego por intentar escalar los cielos.

BRIAREO
Hijo de Úrano y Gea. Es uno de los Hecatónquiros.

BRISEIDA
Hipodamía, hija de Brises o Briseo, sacerdote de Apolo en Lirneso, de quien toma el nombre. En el saqueo de Lirneso Aquiles mató al padre, al esposo, a los tres hijos de Briseida y se la llevó a ella como concubina llegando a ser su favorita y «la amaba tiernamente». Fue arrebatada del lado de Aquiles por Agamenón y posteriormente devuelta, pues el enfado de Aquiles estuvo a punto de entorpecer el asedio de Troya. El rapto de Briseida y la cólera de Aquiles integran uno de los relatos más interesantes de la *Ilíada*. La tradición representa a Briseida como una mujer alta, morena, de brillante mirada, cejijunta y bien ataviada.

BUSIRIS
Hijo de Poseidón y Lisianasa, soberano de Egipto. Famoso por su crueldad. Cuando Heracles pasó por Egipto, Busiris le eligió como victima, pero acabó muriendo en manos del héroe.

CABALLO DE TROYA

Tras diez años de asedio, los griegos aún no habían conseguido tomar Troya. Uno de los dos adivinos, Prilis o Calcante —según las versiones— o el mismo Ulises, convencieron a Agamenón que construyera un caballo de madera. El rey encargó a Epeo y Panopeo que llevaran a cabo tal empresa. Ambos construyeron un caballo donde Menelao, Ulises, Demofonte y otros guerreros pudieran ocultarse. Los griegos abandonaron esta colosal construcción simuladamente en la playa e hicieron ver que levantaban el asedio. Mientras tanto en la ciudad se preguntaban qué actitud debían tomar. Algunos, como la visionaria Casandra, condenada por Apolo a no ser jamás creída, decian que se trataba de una astucia griega y que bajo ningún concepto había de ser introducido el caballo en la ciudad para ofrecerlo a los dioses. El sacerdote Laocoonte tambien era de la misma opinión e incluso lanzó una jabalina contra el caballo para demostrar que sonaba a hueco. Sin embargo, como poco después el sacerdote y sus hijos morían ahogados por unas serpientes marinas, los troyanos creyeron que había muerto por cometer sacrilegio y entraron en caballo en la ciudad. Cuando llegó la noche, los guerreros griegos salieron de su interior e invadieron la ciudad. Helena, sospechando lo que estaba ocurriendo durante la noche, golpeaba al caballo, susurrando el nombre de los guerreros que suponía que estaban dentro.

CABIROS

Hijos de Hefesto y de Cabiro.

Divinidades menores protectoras de los peligros, especialmente los marinos. Su principal santuario se encontraba en Samotracia.

CADMO

Fundador y primer rey de Tebas, hijo de Agenor, rey de Tiro. Acompañado de sus hermanos Cílix y Fénix, partió en busca de su hermana Europa, raptada por Zeus. Junto a su esposa Harmonía, al final de su existencia fueron transformados en serpientes negras y trasladados a vivir en los Campos Elíseos. A Cadmo se le atribuye la invención del alfabeto y la fusión de los metales.

CAISTRO

Hijo de una presunta relación de Aquiles con la amazona Pentesilea.

CALCANTE

Según la tradición era nieto de Apolo. Es el adivino oficial de los aqueos. Se le atribuyen predicciones como que Troya no sería tomada sin la ayuda de Aquiles, que en aquel momento tenía nueve años; que la ciudad sería tomada en el décimo año de asedio; que la flota de los aqueos no podría salir del puerto de Áulide sin antes inmolar a Ifigenia; que la peste que asolaba al ejército aqueo, no remitiría mientras la cautiva Criseida no fuese liberada. Estas y otras predicciones del adivino fueron fundamentales para la toma de Troya, se le atribuye también la invención del Caballo de Troya. Calcante murió al encontrarse con un adivino de dotes superiores a las suyas. Una profecía decía que Calcante moriría al encontrarse

Ifigenia (en el centro) llevada al sacrificio en presencia del adivino Calcante (a la derecha) y de Agamenón (a la izquierda) que se cubre la cabeza como signo de lamentación. Artemisa aparece en el cielo con el animal que será substituido por la joven. Fresco del año 62 a. C., procedente de Pompeya. Conservado en el Museo nacional arqueológico de Nápoles.

con un adivino mejor que él. Según una versión, en Colofón se topó con Mopso y al acertar este en sus vaticionios y fallar Calcante en los suyos, Calcante se murió de pena o quizás se suicidó. Existe otra versión en la que Calcalte poseía una viña en Mirina. Un colega le predijo que no llegaría a probar el vino de esas uvas. El día que el vino de esas uvas estaba listo Calcante hizo una fiesta, su rival le repitió la profecía y a Calcante le entró tal ataque de risa que murió ahogado.

CALÍOPE

Es una de las nueve musas. Preside la poesía Épica y la Elocuencia. Con Eagro, fue madre de Orfeo y según las versiones también de Lino; con Apolo tuvo a Himeneo y Yalemo, y con Aqueloo, a las Sirenas. Enseñó canto a Aquiles. Juez en la disputa entre Afrodita y Perséfone por la posesión del hermoso Adonis. Sus atributos son las tablillas y el estilete.

CALIPSO

Ninfa, hija de Atlas (o de Océano y Tetis), que reinaba en la isla de Ogigia. Recibió a Ulises (Odiseo), llegado allí por la tempestad, y le retuvo por más de siete años, con la esperanza de hacerle su marido. De su relación tuvo a Latino, Nausítoo y Nausínoo. Hermes, por orden de Zeus, la obligó a dejar partir a su amante.

CALISTO

Hija de Licaón. Ninfa de los bosques consagró su virginidad a Artemisa. Pero Zeus, enamorado de Caslisto, se unió a ella bajo la

Capaneo escala los muros de Tebas.
Ánfora campania de figuras rojas
(340 a. C.).

forma de Artemisa —o Apolo, según otras versiones. Calisto ocultó su embarazo, pero Artemisa lo descubrió y la transformó en osa. De la unión nació Árcade. Zeus, a su muerte, la transformó en la constelación de la Osa Mayor.

CÁNACE

Hija de Éolo y de Enáreta. Tuvo una relación incestuosa con su hermano Macareo, del cual se quedó embarazada de Anfisa. Éolo al descubrirlo le envió una espada para que se suicidase. Según otras versiones Cánace no murió y tuvo varios hijos con Poseidón.

CAOS

Es la personificación del vacío. Primer ente que da lugar a todos los demás seres.

CAPANEO

Hijo de Hipónoo. Caudillo argivo, participó en la expedición de los siete contra Tebas, en la que falleció. Su hijo Estenelo tuvo más éxito en la segunda campaña contra Tebas, pues esta vez si fue tomada la ciudad. Capaneo fue uno de los héroes resucitados por Asclepio.

CARIBDIS

Hija de Poseidón y de Gea. Monstruo que vivía oculto en una roca cerca del estrecho de Mesina, frente a la caverna de Escila. Varias veces al día provocaba unos enormes remolinos que todo lo engullían y luego con gran violencia lo expulsaba. Se tragó a toda la tripulación de Odiseo (Ulises). Al otro lado del estrecho habitaba Escila, otro monstruo legendario. Huyendo de Caribdis, los compa-

Áyax, hijo de Oileo, se dispone a arrastrar a Casandra agarrada a la estatua de Atenea. Copa ática de figuras rojas, 440-430 a. C.

ñeros de Odiseo cayeron en las garras de Escila. Odiseo fue el único en salvarse.

CÁRITES
Ver Gracias.

CARONTE
Hijo de Erebo y de la Noche. Barquero del Hades, que previo pago de un óbolo a las almas que han recibido honras fúnebres las transporta hacia el más allá por la travesía del lago (laguna) Estigia, el Cocito y el Aqueronte — razón por la cual se ponían unas monedas en la boca de los muertos al darles sepultura—. Se le representa como un anciano con barba, ojos brillantes y vestido pobremente.

CASANDRA
Hija de Príamo y Hécuba, reyes de Troya. Según una versión Casandra y su hermano gemelo Héleno poseían dotes adivinatorias por haber sido lamidos por una serpiente. Otra versión cuenta que Casandra se ofreció a Apolo a cambio del don, pero cuando le fue concedido ella le rechazó, por lo que Apolo se vengó escupiéndola en la boca. Esto significaba que a pesar de ser una gran adivina nadie creía sus profecías. Y aunque siempre predijo cosas acertadas, nunca fue creída, cosa que la llevó a su propia muerte y a la caída de Troya.

CASIOPEA
La leyenda más conocida la hace esposa de Céfeo, rey de Etiopía y madre de Andrómeda. Cuando Casiopea se jactó de que su hija era más hermosa que las Nereidas,

Los Dioscuros en el reverso de una moneda del emperador Majencio.

estas pidieron venganza a Poseidón, quien envió un monstruo a que asolara el territorio. Para aplacar al monstruo, Andrómeda debía ser ofrecida en sacrificio al monstruo, pero la muchacha fue rescatada por Perseo.

CASTALIA

Ninfa, hija de Aquelao, que dio su nombre a una fuente próxima a Delfos, dedicada a las Musas, y cuyas aguas, se decía, inspiraban a los poetas.

CÁSTOR

Ver dioscuros.

CATREO

Hijo de Minos y Pasífae, soberanos cretenses. Tuvo cuatro hijos. El oráculo le vaticinó que moriría a manos de uno de sus hijos. Alté-

menes y Apemósine al saberlo huyeron a Rodas, donde Altémenes reinó en la ciudad de Cretenia. Aérope y Climene fueron vendidas como esclavas por su padre. Cuando era viejo, pensó que el oráculo se había equivocado y acudió a Rodas para visitar a Altémenes. Al desembarcar le tomaron por un pirata y en la refriega murió a manos de su propio hijo. Helena fue raptada por Paris mientras Menelao asistía a los funerales de su abuelo Catreo, padre de Aréope.

CECROPE

Nacido del suelo del Ática. Suele ser considerado el primer rey de Atenas. La parte superior de su cuerpo era de hombre y la inferior de serpiente. Llegó a ser el primer rey de Ática, que la dividió en doce

Céfalo y Aurora
por Nicolas
Poussin (1630).

comunidades. Sancionó las leyes del matrimonio y la propiedad, introdujo sacrificios no cruentos y el entierro de los muertos; también inventó la escritura. Durante su gobierno —que duró cincuenta años— arbitró en una disputa entre Atenea y Poseidón sobre la posesión de Atenas, y se la otorgó a Atenea. Se casó con Creúsa.

CÉFALO

Hijo de Deyón, rey de Fócide y de Diomede —o de Hermes y Herse según otras versiones. Raptado por Eos, con quien engendró a Faetonte y desposado con Procris —hija de Erecteo, rey de Atenas— quiso comprobar su fidelidad y se disfrazó para tentarla. Cuando ésta cedió, Céfalo se descubrió y Procris huyó al monte. Él, avergonzado, la buscó y regresaron juntos. Las frecuentes cacerías de Céfalo levantaron las sospechas de Procis y un día lo siguió. Céfalo, creyendo que era una presa la hirió mortalmente con la jabalina que su esposa le había regalado y que no erraba jamás el blanco —un presente que Artemisa le había ofrecido a Procris—. Céfalo fue desterrado y embarcó con Anfitrión en una expedición contra los zafios en Samos. Tras la victoria se le puso a la isla el nombre de Cefalonia en su honor y allí se casó con Lisipe con la que tuvo varios hijos. Según otra versión se le atribuye la paternidad de Acrisio y el origen de la estirpe de Laertes.

CÉFIRO

Hijo de Eos y Astreo. Personificación del viento del oeste. Con la

Centauros.

harpía Podarge engendró a los caballos inmortales de Aquiles, Janto y Balio. Se decía que Céfiro estaba casado con Iris, la diosa del arco iris y mensajera de los dioses. Sus hermanos eran Bóreas y Noto, los dioses de los vientos del Norte y del Sur, respectivamente. Se le representaba con figura de niño provisto de alas de mariposa.

CENTAUROS

Seres monstruosos mitad hombre y mitad caballo. Viven en los bosques, se alimentan de carne cruda y se comportan de forma salvaje. Hijos de Ixión y Néfele de naturaleza brutal y maligna. Fueron vencidos por Heracles, Néstor y Teseo. Algunos de los centauros tuvieron sus propios mitos, como Neso y Quirón.

CEO

Se unió a su hermana Febe, con quien tuvo a Leto y Asteria. Abuelo de Apolo y Artemisa.

CÉRBERO

Monstruoso perro de tres cabezas y cola de serpiente, hijo de Equidna y de Tifón, y hermano de otros monstruos como Orto, el perro de Gerión; la Hidra de Lerna; el León de Nemea; la Quimera y la Esfinge. Guardaba las puertas del Hades, impidiendo que los muertos salieran y entraran los vivos. Algunos héroes mitológicos consiguieron burlar o ablandar a este monstruo tricéfalo e insobornable, como Psique, Eneas, Orfeo, Teseo, Piritoo, Heracles, etc.

CERCOPES

Son llamados así dos hermanos,

Cabeza torreada de Cibeles en la cara de un Tetradracma de plata encuñado por Smirna hacia 160-150 a. C.

Pasalo y Acmón, o Aclemón, hijos de Océano y Tía. Eran unos bandidos, tramposos y mentirosos. Su madre les había prevenido contra el hombre del trasero negro. Transformados en moscas, solían zumbar alrededor del lecho de Heracles. Un día les atrapó, les obligo a asumir su forma real y los colgó por los pies de una vara que se echó a los hombros. En esta postura, los Cercopes vieron el trasero ennegrecido de Heracles y se echaron a reír con tantas ganas, que finalmente Heracles divertido los liberó. Según otras versiones, Zeus irritado por sus fechorías los convirtió en monos.

CERES

Nombre romano de la diosa Deméter.

CIBELES

Llamada la Madre de los dioses, aparece como el origen de todas las cosas, animales, hombres y dioses. Es una divinidad importada de Asia Menor. Ejerce su poder sobre el mundo vegetal y se le encomiendan las labores del campo. A menudo ha sido considerada por los mitógrafos griegos una encarnación de Rea. El culto a Cibeles, de tipo orgiástico, que se introdujo en Roma, dio lugar a celebraciones sangrientas donde algunos fieles se castraban en recuerdo de Atis. Se la representa coronada con torres y acompañada por leones que frecuentemente tiran de su carro. A su servicio tiene —igual que Rea—, a los Curetes, llamados también Coribantes.

CÍCICO

Hijo de Eneo y de Enete. Rey de

Circe ofreciendo una
copa a Odiseo,
c. 490-480 a. C.

lo Dolíones, descendientes de Poseidón. Cuando llegan a sus costas los Argonautas, el rey acababa de contraer nupcias con Clite. Los argonautas son recibidos con gran pompa, pero cuando después de partir regresan inesperadamente, son tomados por enemigos y se entabla una lucha en la que perece Cícico. Clite al enterarse se suicida.

CÍCLOPES

Hijos de Urano y de Gea. Son tres: Brontes, Estéropes y Arges. Seres de gran estatura y enorme fuerza, con un solo ojo situado en la frente. Proporcionaron a Zeus el rayo y el trueno, a Poseidón el tridente y a Hades el casco que lo hacia invisible. Los cíclopes se dividen en tres grupos: los Uranios, descendientes de Gea y Urano, Brontes, Steropes y Piracmón y enviados al Tártaro por su padre y liberados por Zeus cuando la lucha de los Titanes. Los mato Apolo; los herreros,— cojos igual que Hefesto, a quien ayudan en la fragua—, se les identifica con los cíclopes constructores de murallas, como la de Micenas, Tirinto y Tebas; y los pastores, salvajes antropófagos que viven en el monte y cuidan rebaños, el más famoso es Polifemo, —cegado por Odiseo— hijo de Poseidón y de la ninfa Toosa.

CIRCE

Hija de Helio y Perseis. Vivía en la isla de Eea. Es una renombrada maga, del mismo modo que lo son Pasífae, su hermana y Medea, su sobrina. Convertía en animales a todos los que llegaban a las cos-

Circe.

tas de su isla. Ulises, tuvo que enfrentarse a ella para liberar a sus compañeros de la forma animal que Circe les había dado. También aparece en la leyenda de los Argonautas.

CLIMENE
Ninfa, hija de Océano y Tetis, sobrina y esposa de Jápeto y madre de Atlas, Prometeo y Menecio.

CLÍO
Una de las nueve diosas que presidieron las nueves artes de las que era dios Apolo. Su arte es la historia. Sus atributos son la trompeta heroica y Clepsidra (reloj de agua para medir el tiempo).

CLITEMESTRA
Una de las Tindárides, hija de Tíndaro, rey de Esparta y Leda, hermana de Helena y los Dioscuros Cástor y Pólux. Casó en primeras nupcias con Tántalo, primo de Agamenón. Tras el asesinato de su esposo y sus hijos a manos de Agamenón, fue obligada por los Dioscuros a desposarse con el asesino de su familia. Con Agamenón tuvo a Crisótemis, a Ifigenia, a Electra y a Orestes. Siempre odió a su esposo y cuando éste partió para Troya tomó como amante a Egisto, primo de Agamenón. Cuando Agamenón regresó a Micenas, ambos lo asesinaron. Finalmente Clitemestra y Egisto murieron a manos de Orestes, vengando la muerte de su padre.

CORE
Primer nombre de Perséfone, antes de casarse con Hades.

Creúsa tras la caída de Troya, detalle de un lienzo de Federico Barocci (1598).

CORIBANTES

Guerreros que danzaban ritualmente golpeando sus armaduras para que el ruido despistara a Cronos de los llantos de Zeus.

CREONTE

Hijo de Meneceo y hermano de Yocasta. Reinó en Tebas cuando Layo, el legítimo rey, fue asesinado. Dimitió ante Edipo que había vencido a la Esfinge, y le concedió la mano de Yocasta, viuda del rey fallecido y su madre. Al descubrir el incesto, Edipo fue exiliado y el poder volvió a Creonte. Más tarde traspasó el poder a los hijos de Edipo que debían reinar alternativamente. Recuperó el trono tras la muerte de Etéocles y Polinice en la famosa expedición de los siete contra Tebas. Prohibió que se hicieran funerales por este último y, como Antígona desafiara esta orden, mandó que fuera enterrada viva, provocando con ello el suicidio de ésta y de su propio hijo Hemón. Teseo le condenó por su barbarie.

CRETEO

Hijo de Éolo y de Enáreta. Unido a su sobrina Tiro —hija de su hermano Salmoneo—, engendró a Esón, padre de Jasón, a Feres, Amitaón y Mirina. Adoptó a los gemelos Neleo y Pelias que Tiro engendró con Poseidón.

CREÚSA

Hija de Príamo y Hécuba, soberanos de Troya. Esposa de Eneas, juntos tuvieron a Ascanio, también llamado Iulo. Desapareció misteriosamente mientras seguía a su esposo Eneas durante su

Euribia, divina entre diosas, parió
en contacto amoroso con Crío, al poderoso
Astreo, a Palante y a Perses que se distinguió
entre todos por su sabiduría.

TEOGONÍA. [Hijos de Crío y Euribia]
HESÍODO

huída por las calles de Troya. Su final es motivo de polémica, aunque en uno de los mitos se cuenta que murió al escapar durante el asalto de Troya, también pudo ser tomada prisionera por los aqueos, quizás escapó, o fue salvada por Afrodita.

CRÍO
Se unió a su sobrina, la Póntide Euribia. Juntos tuvieron a Astreo, Palante y Perses.

CRISAOR
Hijo de Poseidón y Medusa. Nació del cuello de Medusa muerta por Perseo junto a su hermano Pegaso, el caballo alado. Al nacer, Crisaor blandía una espada de oro. Unido a la hija de Océano Calírroe, engendró a Geriones (o Gerión) el gigante de tres cuerpos que sería muerto por Heracles—, y a Equidna —el mostruo de cuerpo de mujer y cola de serpiente—.

CRISEIDA
Astínome, hija de Crises, sacerdote de Apolo, de quien toma el nombre. Concubina favorita de Agamenón en el sitio de Troya. Crises intentó liberar a su hija pagando un rescate, pero Agamenón lo humilló y Apolo para vengar a su sacerdote envió una peste a los aqueos. Presionado, Agamenón devolvió a Criseida que ya estaba embarazada. Criseida a su regreso proclamaba que tenía un hijo de Apolo y no de su raptor.

CRISIPO
Joven de extraordinaria belleza, hijo de Pélope y la ninfa Axíoque. Hay diversas versiones sobre su muer-

«Madre, yo podría, lo prometo, realizar dicha empresa,
ya que no siento piedad por nuestro abominable padre; pues
él fue el primero en maquinar odiosas acciones.» Así habló.
La monstruosa Gea se alegró mucho en su corazón
y le apostó secretamente en emboscada. Puso en sus manos
una hoz de agudos dientes y disimuló perfectamente la trampa.

TEOGONÍA
[Fragmento, en el que
Cronos acepta
castrar a Urano]
HESÍODO

te. Según unas murió a manos de la propia Hipodamía, su madrastra. Según otras, Hipodamía fue la instigadora del crimen, pero lo llevaron a cabo sus hijos Atreo y Tiestes. Otra versión narra cómo Layo —invitado de Pélope—, se enamora de Crisipo y —traicionando la hospitalidad de Pélope—, lo rapta y viola, incapaz de controlar su pasión. En esta versión Crisipo se suicida al no poder soportar la vergüenza de la violación.

CRONOS

Hijo de Urano y Gea. Personificación del tiempo. Castró a Urano mientras dormía, instigado por Gea. Se casó con su hermana Rea. Como le habían predicho que sería destronado por uno de sus hijos, se los tragaba a medida de que Rea los concebía. Finalmente Zeus le destronó, igual que él a Urano. Se identifica con el Saturno romano.

CURETES, LOS

La versión más extendida los hace hijos de Gea, su numero varía según el autor. Se identifican con los Coribantes. Tras el nacimiento de Zeus, Rea los situó entorno a su hijo, entrechocando sus armas, para que Cronos no pudiese oír el llanto del recién nacido y así salvarlo de ser devorado por su padre. También aparecen en el nacimiento de Zagreo, con sus danzas bélicas, para ocultar al infante de los Titanes. Murieron a manos de Zeus por raptar a Épafo, el hijo que este tuvo con Io.

DÁCTILOS

Genios mágicos cretenses o frigios. Nacidos en el monte Ida cuando Rea —con los dolores del parto de Zeus—, apretó la Tierra con sus manos. Así, donde había hincado sus cinco dedos de la mano derecha surgieron cinco Dáctilos varones, —Heracles (otro Heracles distinto del comunmente conocido), Peoneo, Epimedes, Yasión y Acésidas— y de los dedos de la mano izquierda nacieron cinco Dáctilos hembras. Los unos fueron herreros y las otras hechiceras. Algunos también los identifican con los Curetes. Se dice que inventaron los Juegos Olímpicos para entretenimiento de Zeus y enseñaron el arte de la música a Paris.

DAFNE

Ninfa del cortejo de Artemisa. Eros inspiró en Apolo una gran pasión, no correspondida, hacia Dafne. Apolo intentó tomar a la ninfa, cuando estaba a punto de alcanzarla, Dafne suplicó a su padre (hija del dios río Ladón de Arcadia con Gea o del dios río Peneo de Tesalia con Creúsa dios del río Peneo) que la librase del dios. Su padre la transformó en laurel, que a partir de entonces fue la planta predilecta de Apolo.
Zeus la libró de él transformándola en laurel.

DAFNIS

Hijo de Hermes y de una ninfa que lo abandonó al nacer en un bosque rodeado de árboles de laurel (daphne), planta de la que recibió el nombre. Enamorado de una ninfa llamada Nomia le juró fidelidad eterna. Sin embargo la hija

Dánae de Jan
Gossaert (1527).

del rey de Sicilia se enamoró de él y lo sedujo después de embriagarlo. Tal fue la cólera de Nomia que lo dejó ciego. En un relato diferente de su vida Dafnis se enamora de una ninfa llamada Pimplea a la que rescata de unos piratas.

DÁNAE

Hija de Acrisio y Eurídice, soberanos de Argos. Madre de Perseo por obra de Zeus. La muchacha había sido encerrada por su padre para evitar que tuviese descendencia, pues un oráculo le había vaticinado que moriría a manos de su nieto. Acrisio tras el nacimiento de su nieto, los arrojó al mar dentro de un arcón. Fueron rescatados por un pescador llamado Dictis.

DANAIDES

Nombre dado a las cincuenta hijas de Dánao, rey de Argos. Casadas a la fuerza con los hijos de su tío Egipto, todas, a excepción de Hipermnestra, decidieron matar a sus maridos la noche de bodas, y por este crimen fueron condenadas a vivir en el Tártaro, llenar sin descanso un tonel que no tenía fondo.

DÁNAO

Hijo de Belo y Anquíone, hermano gemelo de Egipto. Debido a la intimidación de su hermano y sus sobrinos, huyó de su patria y se instaló en Argos. Obligado a consentir un matrimonio general entre sus cincuenta hijas y los cincuenta hijos de su hermano Belo, ordenó a sus hijas que matasen a sus maridos la noche de bodas. Todas obedecieron menos Hipermestra, que perdonó la vida a su esposo, Linceo.

Dánae y la lluvia de oro. Crátera de cáliz beociano de figuras rojas, c. 450-425 a. C.

DÁRDANO

Hijo de Zeus y la Atlante Electra. Emigró hasta Tróade, donde se casó Batiea, una hija de Teucro, rey del lugar. Fundó la ciudad llamada Dárdano. Heredó Tróade a la muerte de Teucro. Los troyanos lo consideraban su primer antepasado.

En la mitología griega, este hijo de Zeus y Electra, fue el fundador de la dinastía troyana.

DEDALIÓN

En la mitología griega Dedalión era hijo de Hésperos y padre de Quíone. Dedalión se arrojó desesperado desde el monte Parnaso cuando su hija murió, pero Apolo evitó su muerte metamorfoseándolo en gavilán.

DÉDALO

Es el inventor por antonomasia, destacó también como arquitecto y como escultor. Participa en varias leyendas, en las que siempre se pone de manifiesto su ingenio. Entre otros inventos creó: el laberinto del Minotauro, el autómata de bronce de Talos y unas alas para volar. Dédalo había construido para él y para su hijo Ícaro unas alas para huir volando del Laberino, donde les había encerrado el rey Minos. Pero Ícaro se acercó durante el vuelo demasiado al sol, el calor derritió la cera que unía las plumas de las alas y cayó.

DEÍFOBO

Hijo de Príamo y Hécuba. Una vez muerto Paris, se convirtió en esposo de Helena a la fuerza con el beneplácito de Príamo, por lo que Helena apoyó a sus compatriotas al final de la contienda. Fue muerto por Mele-

En la mitología
romana se asociaba
a Deméter con Ceres.

nao (algunos cuentan que por Helena) en el asalto final a Troya.

DELFOS

Lugar donde Apolo da muerte a la serpiente Pitón, que protegía el oráculo de Temis en Delfos. A partir de ese momento Apolo desplaza a Temis, e instala el oráculo de Apolo en Delfos, el más famoso de la mitología griega.

DELOS

Isla donde Leto da a luz a Apolo y a Artemisa. Esta isla era en realidad Asteria, una hermana de Leto. Asteria para huir del acoso de Zeus se había arrojado al mar bajo la forma de codorniz, pero al llegar al agua se transformó en roca. Era una roca errante a la que se llamó Ortigia. Tras el nacimiento de los gemelos la isla es fijada al fondo y cambia su nombre por el de Delos (la resplandeciente).

DEMÉTER

Hija de Cronos y Rea. Diosa de la tierra cultivada (agricultura). Su leyenda más celebre nos cuenta como Demeter enfurecida, abandona el Olimpo para buscar a su hija Persefone, raptada por Hades, con el beneplácito de Zeus, padre de Persefone. Se la representa sentada, con antorchas en la mano o con una serpiente.

También fue amante de Poseidón.

DEMOFONTE

Hijo de Teseo y Fedra. Participó en el asedio de Troya, asaltando la ciudad en el famoso caballo. Liberó a su abuela Etra, esclava de Elena. A su vuelta de Troya se enamoró de Fílide, a la que después aban-

La muerte de Dido, obra de Cayot, Louvre.

donó. Ésta, desesperada, se suicidó, convirtiéndose posteriormente en almendro. Murió al caer de su caballo. La leyenda de Demofonte está tan íntimamente ligada a la de su hermano Acamante, que ambas se confunden y es difícil discernir entre los hechos de uno y otro héroe.

DEUCALIÓN

Rey de Tesalia. Hijo de Prometeo y Clímene. Es el protagonista de la versión griega del diluvio universal. Prometeo aconseja a Deucalión que construya un arca y se refugie en ella con su esposa Pirra. Porque Zeus, descontento con la raza humana, piensa destruirla con un diluvio.

DESTINO

En un principio el Destino fue una fuerza superior que más tarde fue personificada en Grecia por las Moiras y en Roma por las Parcas. (Ver Moiras.)

DEYANIRA

Hija de Dionisio y Altea. Su padre mortal es Eneo (Oineo), esposo de su madre y rey de Calidón. Ella y sus hermanas lloraron tanto la muerte de su hermano Meleagro, que Artemisa las trasformó en aves, debido a los ruegos de Dionisio, Deyanira conservó su forma humana. Tercera esposa de Heracles, quien luchó con Aquello por su mano y del que tendría una hija, Macaria. Experta en el arte de la guerra y la conducción de carros.

DIDO

Hija de Muto, rey de Tiro. Dido se casó con Sicarbas. Su hermano

Dioniso.

Pigamalión, que heredó el trono tras la muerte de Tiro, mató a Sicarbas para arrancarle sus tesoros. Dido huyo al norte de África donde solicitó de sus habitantes que le entregasen la porción de tierra «que pudiese abarcar una piel de buey». Le fue concedido y la astuta muchacha recortó la piel en finas tiras obteniendo un extenso territorio. Allí fundó Cartago. Finalmente la soberana de Cartago se suicidó para eludir un matrimonio con el rey de un pueblo vecino. Un mito posterior relata la llegada a Cartago de Eneas. La reina Dido se enamoró perdidamente de él. Cuando Eneas la abandonó para proseguir su viaje, ella se suicidó.

DIOMEDES
Hijo de Tideo y Deípile. Nieto de Adrastro y de Eneo de Calidón.

Participa en la expedición de los Epígonos contra Tebas y en la guerra contra Troya. Durante esta última, es el inseparable compañero de Odiseo. Es uno de los pocos afortunados que tuvieron los griegos en su regreso desde Troya hasta su Argos natal. Egialea, su infiel esposa, le había preparado una trampa mortal a su llegada, sin embargo pudo salvarse y huir a Italia donde se le atribuye la fundación de diversas ciudades.

DIONE
Hija de Atlas, esposa de Tántalo y madre de Penélope y Níobe. Segun Homero, hija de Océano y Tetis, esposa de Zeus y madre de Afrodita.

DIONISO
Hijo de Zeus y Sémele. Dios del

Dioscuros.

vino, amante de la diversión y de los placeres. Su comitiva esta formada por Sátiros, Ménades y el dios Príapo. Perseguido en su niñez por la celosa Hera, de adolescente, descubrió la forma de hacer vino con el fruto de la viña, ganándose un puesto en el Olimpo que le cedería Hestia. Fue el esposo de Ariadna, después de que Teseo la abandonara.

DIOSCUROS

Héroes griegos, hijos Leda. Son dos hermanos, Cástor y Pólux. La historia cuenta como Leda en una misma noche, se unió a Zeus y a su esposo Tindáreo. De estas uniones nacieron Pólux y Helena, hijos de Zeus y Cástor y Clitemestra, hijos de Tíndareo. Participaron en la expedición de los Argonautas. Fundadores de las ciudades Dioscurias en Cólquida. Raptaron a las hijas de Leucipo, Febe e Hilaeira, y se casaron con ellas; por este motivo, Cástor fue muerto por Linceo, y Pólux no queriendo separarse de su hermano, pidió a Zeus que le permitiese compartir la inmortalidad con él, por lo que fueron ambos transformados en la constelación de los Gemelos.

DOLON

Hijo de Eumedes. Troyano, que durante el asedio de Troya actúa como espía. Es sorprendido por Odiseo (Ulises) y Diomedes, lo matan después de sacarle información.

DÓRIDE

Hija de Océano y Tetis, es la esposa de Nereo y la madre de las cincuenta Nereidas.

La dríade (fragmento), por Evelyn De Morgan.

DRAGÓN LADÓN

Hijo de Tifón y Equidna. Dragón de cien cabezas que custodiaba las manzanas de oro del jardín de las Hespérides. Murió a manos de Heracles cuando cumpliendo con uno de los doce trabajos, el héroe acudió a robar las manzanas.

DRÉPANO

Cabo donde nacen las Erinias. Surgen de la sangre, que cae a la tierra (Gea), de los testículos de Urano después de que Cronos se los cercenase.

DRÍADES

Ninfas que custodiaban los robles. Surgieron del Árbol de las Hespérides —el árbol de las manzanas de oro— y algunas de ellas protegían sus frutos. No son inmortales, aunque son longevas. Entre las más conocidas se encuentra Eurídice —la mujer de Orfeo— y Dafne —perseguida por Apolo— a quien los dioses la convirtierón en árbol de laurel. La tradición tardía las distingue de las Hamadríades, que vagan libremente por los bosques.

ÉACO

Hijo de Zeus y la ninfa Egina. Único superviviente de la peste enviada a la isla de Egina —anteriormente Enone— por Hera, irritada con Egina por haber dado un hijo a Zeus, quien entonces convirtió a las hormigas de la isla en personas que fueron llamadas mirmidones —hormigas. Reinó sobre los mirmidones. Junto a Apolo y a Poseidón participó en la construcción de la muralla de Troya y a su muerte fue nombrado juez del Hades junto a Minos y a Radamantis.

EAGRO

Rey de Tracia y padre de Orfeo.

ECO

Ninfa, hija de Helios y Gea. Hera la castigó —por distraerla con su charla mientras Zeus se entregaba a una aventura amorosa— a repetir las últimas palabras de los que la interrogaban. Eco se enamoró de Narciso, pero el joven la abandonó de aburrimiento al oír siempre el sonido de sus palabras en boca de su amante. Por orden de Pan fue despedazada por unos pastores.

EDIPO

Hijo de Layo y Yocasta, soberanos de Tebas. Héroe marcado por la tragedia desde su nacimiento, debido a los malos augurios fue abandonado al nacer. Ganó la corona de Tebas por acabar con la Esfinge. Mató a su padre y se casó con su madre con la que engendró a Ismene, a Antígona, a Eteocles y a Polinices. Cuando se enteró del involuntario incesto que había

Edipo.

cometido se perforó los ojos con un alfiler. Fue deportado de Tebas y erró por el mundo con su hija Antígona como lazarillo hasta que murió en el destierro.

EETES
Hijo de Helios y de la oceánide Perseis. Hermano de Circe, Pasífae y Perses. Rey la Cólquida. Tomó bajo su protección a Frixo, que en agradecimiento le regaló la piel del vellocino de oro. Ayudados por Medea, hija de Eetes, Jasón y los Argonautas le robaron el vellocinio.

EGEO
Hijo de Pandión y Pila. Soberano del Ática. Padre mortal del héroe Teseo.

EGIMIO
Hijo de Doro, antepasado mítico

de los dorios. Proporcionó leyes a su pueblo. Cuando fueron atacados por los lapitas, solicitó la ayuda de Heracles. Agradecido, adoptó al hijo de Heracles, Hilo. Repartió sus tierras con él y con sus propios hijos, Dimante y Pánfilo. Los tres son epónimos de las tres tribus dorias: hileos, dimanes y panfilos.

EGINA
Hija del dios-rio Asopo. Fue raptada por Zeus que la llevó a la isla de Enone. La isla cambió su nombre y a partir de este momento fue llamada Egina. Durante su estancia en la isla dio a luz a Éaco, un hijo de Zeus. Posteriormente se trasladó a Tesalia, donde se casó con Áctor y con quien tuvo a Menecio.

EGISTO
Hijo incestuoso habido entre

Electra y Hermes
ante la tumba de
Agamenón.

Tiestes y la hija de éste, Pelopia. Mató a su tío y mentor, Atreo, para entregarle el trono de Micenas a su padre. Posteriormente él y su padre fueron expulsados de Micenas por su primo Agamenón, hijo de Atreo. Cuando Agamenón partió hacia Troya, Egisto sedujo a Clitemestra, esposa de su primo. Y juntos asesinaron a Agamenón cuando éste regresó a Micenas. Finalmente él y su amante murieron a manos de Orestes, hijo de Agamenón y Clitemestra.

ELECTRA

Hija de Agamenón y Clitemestra. Famosa heroína de tragedia griega. Con ayuda de su hermano Orestes, venga la muerte de su padre, Agamenón, muerto a manos de Clitemestra y su amante, Egisto.

Otra Electra era una de las Pléyades, la cual fue madre, unida a Zeus, de Dárdano y Yasión. Cuando iba a ser violada por Zeus se refugió junto a la estatua del Paladio, en vano, pues Zeus apartó la estatua arrojándola del cielo. Posteriormente junto a sus hermanas fue convertida en estrella. Una tercera Electra es una de las Oceánides, la cual fue madre, unida a Taumante, de Iris y las Harpías.

ELECTRIÓN

Hijo de Perseo y Andrómeda. Rey de Micenas. Con su sobrina Anaxo engendró a Alcmena, la madre de Hércules.

ELEPNOR

Compañero de Odiseo (Ulises). En la isla de Eea, la maga Circe le

Eneas en una cacería.

transformó en cerdo. Tras recuperar su forma humana, se mató al caerse de una terraza del palacio de Circe, debido al vino que había bebido. Cuando Odiseo fue a consultar el futuro con el alma del difunto Tiresias, se encontró con el alma de Elpenor. Este último le pidió que celebrase unas honras fúnebres en su honor.

ELPIS

Deidad que personificaba la esperanza, supuesta hija de zeus

ENDIMIÓN

Hijo de Cálide con Etlio, o quizas con Zeus. Rey de Élide. Padre de Pisa. Su leyenda más característica es la que relata como Selene, diosa de la Luna, se enamora de él y Zeus le concede el deseo de permanecer eternamen-te joven y dormido. Selene se acostaba todas las noches con Endimión y se dice que engendraron cincuenta hijas.

ENEAS

Hijo de Anquises y Afrodita. Héroe troyano, participó en la guerra de Troya, pero su historia se desarrolla principalmente una vez terminada la guerra Troyana.

ENEO

Hijo de Portalón y Éurite. Soberano de Calidón. Esposo de Altea y más tarde de Peribea. Por olvidar a Artemisa en unos sacrificios, la diosa envió un enorme jabalí que asolaba sus territorios. Con el fin de matarlo se realizó la famosa cacería de Calidón, que lideró su hijo Meleagro. Aparece en el ciclo de Heracles por ser el padre de la

Eos.

esposa del héroe, Deyanira. Eneo fue el primer mortal al que Dioniso entregó la vid.

ENÓMAO

Hijo de Ares y Harpina, según la versión más conocida. Rey de Pisa. Su hermosa hija Hipodamía tenía numerosos pretendientes, pero él se negaba a casarla, bien por que estaba enamorado de ella o por que el oráculo le había advertido que moriría a manos de su yerno. Retaba a los pretendientes a una carrera en la que él mismo competía con unos hermosos corceles, que su padre le había regalado. Si perdían Enómao los ajusticiaba. Ya había matado a doce cuando apareció Pélope, que con ayuda de Mírtilo e Hipodamía logró ganar. Enómao sin embargo murió en esta carrera, cumpliéndose así el vaticinio.

ÉOLO

Hijo de Helén y la ninfa Orseis, nieto de Deucalión. Héroe epónimo de los eolios, rey de Tesalia. Se casó con Enáreta. Tuvo numerosos hijos: Creteo, Sísifo, Atamante, Salmoneo, Deyón, Magnes, Perieres, Macareo, Cánace, Alcíone, Pisídice, Cálice y Perimede. También se le atribuyen: Etlio, Mimante, Arne, Tanagra y Melanipa.

EOS

Ver Aurora.

EPIDAURO

Lugar de nacimiento de Asclepio, dios de la medicina. Aquí se encontraba el más importante santuario dedicado a este dios.

EQUIDNA

Monstruo con cuerpo superior

Erato.

de mujer y parte inferior de serpiente. Vivía en una caverna situada en el país de los Arimoi, donde causaba estragos devorando a los habitantes del territorio. Junto a Tifón tuvo una numerosa descendencia compuesta por los engendros más importantes de la mitología griega. Murió a manos de Argo Panoptes mientras dormía.

EQUIÓN
Es uno de los espartoi, que ayudaron a Cadmo a construir la cadmea de Tebas. Se casó con Ágave, hija de Cadmo.

ERATO
Una de las nueve diosas que presidieron las artes de las que era dios Apolo. Su arte es la poesía amorosa. Su atributo es la cítara.

ÉREBO
Hijo de el Caos. Entre los griegos personifica a las tinieblas.

ERGINO
Hijo de Clímeno, soberano de Orcómeno. Durante una fiesta en honor a Poseidón, cebrada en Onquesto. Perietes, auriga de Meneceo, rey de Tebas, mató al rey de Orcómeno, Clímeno. Ergino como venganza se lanzó contra Tebas. Finalmente firmaron un pacto por el que Tebas se comprometía a pagar a Orcómeno, un tributo de cien bueyes durante veinte años. En la expedición de los argonautas, fué el piloto de la nave Argo, tras la muerte de Tifis.

ERICTONIO
En una ocasión Hefesto intentó violar a Atenea, al zafarse del abra-

Polinices
da a Erífile el collar
de Harmonía

zo, el semen del dios cayó sobre la Tierra, la fecundó y nació Erictonio. Atenea recogió al infante y lo crió como hijo propio. Fue uno de los primeros reyes de Atenas. Se casó con la náyade Praxítea, con ella engendró a Pandion.

ERIDANO

[Hefesto] En mitología griega, el Erídano (mitología) era uno de los cinco ríos que cruzaba el Hades. En la antigüedad se solía identificar con el Po o con el Ródano. En este río fue donde Faetón, después de su muerte causada por la incapacidad de conducir el carro de su padre (el Sol), cayó y murió.

ERIDE

Hija de Hera. Personifica la discordia. Es una compañera inseparable de su hermano Ares. Se la repre-

senta como a un genio alado. También era conocida como Eris, era la diosa gemela de Ares, era la autora de todo mal en batalla.

ERÍFILE

Hija de Tálao, rey de Argos y hermana de Adrastro. Se casó con su primo Anfiarao para limar aspereza en él y Adrastro, pues Anfiarao había matado a Tálao. Ambos primos hicieron un pacto con el matrimonio, según en cual de haber disputas entre ellos aceptarían la decisión de Erifila. Cuando Adrasto invitó a Anfiarao a participar en la expedición de los siete contra Tebas, éste se negó. Pero Anfiarao finalmente tuvo que participar pues Polinices sobornó a Erifila con el collar mágico de Harmonia y Erifila falló a favor de la guerra. Más tarde

Erinias.

presionó a su hijo Alcmeón a liderar la segunda expedición a cambio del velo mágico de Harmonia. Una vez terminada la contienda y enterado Alcmeón de que las decisiones de su madre sólo habían sido guiadas por la codicia, regresó a Argos y la asesinó.

ERIGONE

Hija de Egisto y Clitemestra. Se casó con Orestes a quien denunció por matar a sus padres. Al saber que su esposo había sido absuelto por el tribunal de Areópago, se suicidó. Según otras versiones fue nombrada sacerdotisa de Artemisa huyendo así de la venganza de Orestes.

ERINIAS

Hijas de Urano y Gea. Se llaman Alecto, Tisífone y Mégera. Son divinidades que vengan los delitos de sangre, especialmente los cometidos contra la familia. Se las representa como mujeres negras y aladas con serpientes enroscadas en su cabeza. Viven en el Hades. En Roma se las conoce como Furias.

ERISICTIÓN

Hijo del rey tesalio Tríopas. Sin hacer caso de las advertencias de Deméter, convertido en sacerdotisa, taló los árboles de un bosque consagrado a esta diosa. Para castigarlo le inspiró un hambre tan intenso que en poco tiempo acabó con todas sus existencias. Durante un tiempo se mantuvo vendiendo a su hija Mestra —la cual había sido amante de Poseidón y éste le había otorgado el don de metamorfosearse— en repetidas oca-

Eros como
niño alado.

siones. Finalmente se devoró a sí
mismo.

EROS

Hijo de Ares y Afrodita. Dios del
amor. Es una de las fuerzas fundamentales del mundo. Tiene un
hermano llamado Anteros, el
amor correspondido. Eros es
representado como un niño alado
y solo cuando esta junto a su hermano Anteros, crece y se convierte en hombre. Son innumerables
sus intervenciones sobre dioses y
hombres.

ESACO

Hijo de Príamo con Arisbe, primera esposa del soberano de Troya.
Gozaba del don de la interpreta-
ción de los sueños. Cuando su
madrastra, Hécuba, estaba embarazada de Paris, soñó que engen-

draba un tizón que daba fuego a la
ciudad. En algunas versiones de la
leyenda troyana, es él quien inter-
preta el sueño de su madrastra y
aconseja que maten al niño. Se
enamoró de la Ninfa Hesperia. Ella
fue mordida por una serpiente y
falleció. Enloquecido por el dolor,
Ésaco intentó suicidarse arrojándose al mar. La diosa Tetis lo salvó
y lo transformó en un pájaro.

ESCAMANDRO

Personificación de un río que recorre la llanura Troyana. Este dios-
río es hijo de Zeus. Se le atribuye la paternidad de Teucro,
fundador de la dinastía troyana.
También se le atribuye la paternidad Estrimo y de Calírroe, ambas
casadas con dos soberanos de
Troya, la primera con Laomedonte
y la segunda con Tros.

Esfinge.

ESCILA

Monstruo con la parte superior de mujer, de su parte inferior surgían seis medios perros con una cabeza y dos patas cada uno. Vivía en el estrecho de Mesina devorando a cuantos marineros se ponían a su alcance. Al otro lado del estrecho habitaba Caribdis, otro monstruo mitológico.

ESCITES

Héroe epónimo del pueblo escita. Una de las tradiciones relata como Heracles se unió a Equidna para que el engendro le devolviese unas yeguas que ella misma le había robado. Con ella tuvo a Escites, a Agatiso y a Gelono. Al marcharse, el héroe entregó a Escila un cinturón y un arco y le pidió que cuando fuesen mayores de edad, entregase el reino a aquel de sus tres hijos que lograse manejar los objetos. Sólo Escites lo logró y sus hermanos fueron exiliados tal y como había exigido Heracles. Otro mito cuenta que el padre de estos tres héroes fue Zeus. El dios dejó caer del cielo un yugo, un arado, un hacha y una copa, todo ello de oro. Solo Escites pudo recoger estos objetos, ya que a sus hermanos les quemaban en las manos. Después de esta prueba le cedieron la corona a Escites.

ESEPO

Un oceánida, hijo por tanto de Océano y Tetis, que se identifica con un río de la región de Tróada.

ESFINGE

Hija de Equidna y Tifón. Monstruo con cara de mujer, cuerpo de león y alas de rapaz. Fue enviada por

Medea
rejuvenece
a Aeson.

Hera a Layo, rey de Tebas, como castigo por raptar y violar al joven Crisipo. El monstruo se había instalado en las cercanías de la ciudad y devoraba a todo el que pasaba y no adivinaba un enigma que la Esfinge les proponía. Edipo fue el único que pasó la prueba. Al verse vencida la Esfinge se lanzó desde lo alto de unas rocas y pereció.

ESÓN

Hijo de Creteo y Tiro, soberanos de Yolco. Cuando Creteo murió, su hermanastro Pelias le encarceló arrebatándole el trono. Estaba casado con Alcímeda con la que tuvo a Jasón y a Prómaco. Durante la expedición de los argonautas, llegó a Yolco la noticia de la muerte de Jasón. Pelias sintiéndose seguro ordenó, la muerte de Esón y de Prómaco.

ESQUISTE

Encrucijada en la que se encuentra Edipo y el sequito de su padre, Layo el rey de Tebas y se origina una lucha durante la cual Edipo mata a su propio padre, al que no conocía.

ESTENEBEA

Hija de Yóbates, rey de Licia. Se desposó con Preto, rey de Tirinto. Cuando Belerofontes estuvo en Tirinto intentó seducirlo, y al ser rechazada, lo acusó de intentar violarla. Debido a estas calumnias, Belerofontes fue enviado a realizar varias empresas, con la oscura intención de que muriese en ellas. Cuando regresó victorioso, acudió a Tirinto para lavar su nombre. Al enterarse, Estenebea se suicidó o intentó escapar con Pegaso, el caballo alado de Belerofontes, y murió en el intento.

Eteocles y Polinices combatiendo.

ESTÉNELO

Hijo de Perseo y Andrómeda. Rey de Micenas. Con Nícipe engendró a Euristeo, quien impuso a Hércules los doce trabajos que le han hecho mundialmente famoso.

ETER

Hijo de Érebo y la Noche. Hermano de el Día, personificación de la materia divina.

ETRA

Hija de Piteo rey de Trecén. En una misma noche su unió a Egeo y a Poseidón, de esta noche nació Teseo del que se dice que tiene doble paternidad por esta circunstancia.

ETEOCLES

Hijo de Edipo y Yocasta, soberanos de Tebas. Pactó con su hermano Polinices el reinado conjunto de la ciudad, ocupando el trono primero Eteocles y después de un año cediéndoselo a Polinices y así sucesivamente. Traicionó a su hermano negándose a cederle el trono al finalizar su año de mandato. Esto provocó la expedición de los siete contra Tebas en la que los hermanos murieron uno a manos del otro.

EUMEO

Hijo de Ctesio, rey de la isla de Siria, una de las islas Cícladas. Cuando aún era un niño fue raptado por una esclava fenicia y vendido como esclavo a Laertes, padre de Odiseo (Ulises). Trabajaba como porquero para Odiseo. Cuando el héroe regresó a Ítaca, se dirigió en primer lugar a la cabaña de Eumeo. Con su ayuda,

Europa.

Odiseo expulsó de su palacio a los pretendientes de Penélope.

EUMOLPO

Hijo de Poseidón y Quíone. Quíone temerosa de su padre, arrojó al recién nacido al mar. Poseidón lo recogió y se lo entregó a su hija Bentesicime para que lo criase. Se le atribuye generalmente la fundación de los Misterios en Eleusis. Éste es un personaje que provoca gran controversia entre los mimógrafos, distando mucho los relatos de unos con los de otros.

EURÍDICE

Esposa de Orfeo.

EURÍNOME

Hija de Oceano y Tetis. Madre junto a Zeus de las Cárites. Crió a Hefesto.

EURISTEO

Hijo de Esténelo y Menipe. Soberano de Micenas, Tirinto y Midea, en Argos. Hombre imperfecto física y moralmente. Por orden suya Heracles realizó los doce trabajos. Euristeo tenía tanto miedo al héroe que no le permitía entrar en Micenas. No se presentaba ante Heracles, le comunicaba los trabajos a través de Copreo, un hijo de Pelope refugiado en Micenas. Había mandado construir una jarra de bronce como refugio, por si Heracles intentaba agredirle. Murió en una campaña contra Tebas que organizó para perseguir a los descendientes de Heracles. Su cabeza le fue entregada a Alcmena, madre de Heracles, que le sacó los ojos.

EUROPA

Hija de los reyes de Sidón y Tiro,

Euterpe.

Agenor y Telefasa. Zeus enamorado de la muchacha, se presentó ante ella transformado en un hermoso toro blanco mientras Europa jugaba en la playa. Cuando la muchacha se acerca a acariciarlo y lo monta el animal emprende una veloz huida a través del mar hasta llegar a Creta. Europa dio a Zeus tres hijos: Minos, Sarpedón, Radamantis. Después el dios la casó con el rey Aterión de Creta. Como regalo de bodas le entregó a Talos el autómata, un perro que no dejaba escapar ninguna pieza y una jabalina de caza que nunca erraba el blanco. A la muerte de Aterión, Minos le sucedió en el trono cretense.

EUTERPE

Una de las nueve diosas que presidieron las nueves artes de las que era dios Apolo. Su arte es la música. Su atributo es la flauta.

FAETONTE

Hijo de Helios y de la oceánide Clímene. Tras concebir a Faetonte, Clímene se casó con al rey etíope Mérope. El niño creció pensando que el rey era su padre. Cuando su madre le reveló la verdadera identidad de su progenitor, el muchacho quiso pruebas. Por ello pidió a Helios que le dejase conducir el carro solar. Zeus le lanzó un rayo y cayó fulminado en el río Erídano.

FEDRA

Hija de Minos y Pasífae. Se casó con el héroe Teseo, con él tuvo dos hijos. Pero Fedra se enamoró perdidamente de Hipólito, hijo de Teseo y Antíope. Al ser rechazada por Hipólito, Fedra se suicidó.

FÉNIX

Ave fabulosa que renacía de sus cenizas. Era un símbolo solar. Hijo de Amintor e Hipodamía, soberanos de Beocia. Celosa su madre, de Clitia (una concubina de su padre), instigó al muchacho a seducirla. Al descubrirlo Amintor, cegó a Fénix y el centauro Quirón le devolvió la vista. En la guerra de Troya, primero actúa como acompañante y protector de Aquiles y más tarde del hijo de este último, Neoptólemo. Con Neoptólemo emprende el regreso desde Troya, pero muere en el camino.

FICIO

Monte donde Edipo encuentra y mata a la Esfinge. Por matar a este monstruo es recompensado con la mano de la reina viuda Yocasta. De esta manera se casa sin saberlo con su propia madre.

Fénix.

FILECIO

Pastor que cuidaba las vacas de Odiseo (Ulises). Cuando Odiseo regresó a Ítaca, le ayudó a deshacerse de los pretendientes de Penélope.

FILEO

Hijo de Augias, rey de Élide. Participó en la cacería de Calidón. Se puso de parte de Heracles, cuando su padre se negó a pagar al héroe por limpiar sus establos, por este hecho fue desterrado. Se estableció en Duliquio, donde se casó con Timandra y con quien tuvo a Meges y a Euridamía. Cuando Heracles venció a Augías, puso en el trono a Fileo, pero algún tiempo después Fileo entregó el trono a sus hermanos y regresó a Duliquio.

FÍLIRA

Hija de Océano y Tetis. Es una oceánide. Madre junto al titán Cronos del centauro Quirón. Para que Rea (la esposa de Cronos) no les descubriese, Cronos se unió a Fílira bajo la forma de un caballo. Por esta razón Quirón tiene la parte superior del cuerpo de hombre y la parta inferior de caballo. En esta versión Fílira quedó tan horrorizada ante el ser que había dado a luz, que solicitó a los dioses que la metamorfosearan y estos la transformaron en tilo. La palabra *philyra* significa tilo.

FILOCTETES

Es uno de los argonautas. Heracles le había regalado sus armas en agradecimiento por prender su pira funeraria cuando estaba a punto de morir. Antes de su muer-

Fineo y las
Boréadas.

te prometió al héroe no desvelar nunca el lugar exacto de su muerte, como fue incapaz de mantener el secreto fue castigado. Filoctetes participaba en la expedición hacia Troya pero al parar en la isla de Ténedos fue mordido por una serpiente. La herida producía tal hedor y el enfermo tales gritos que fue abandonado en la isla, esta fue la venganza de Heracles. En el décimo año de la guerra troyana el adivino Héleno declaró que la ciudad no podría ser tomada sin las armas de Heracles. Ulises y Neoptólemo lo fueron a buscar, curaron su herida y Filoctetes finalmente participó en la guerra troyana.

FILOMELA
Hija de Pandion y Pila. Agradecido Pandion al rey Tereo por la ayuda que le ha prestado en su litigio con el rey Labdaco, le concede la mano de su hija Procne. Tereo, al conocer a su cuñada Filomela se enamora de ella y la viola. Después le corta la lengua y la encierra para que no se descubra su pecado. Pero Filomela logra mandar a su hermana Procne un bordado donde le describe lo sucedido. Para vengarse, Procne mata al hijo que ha tenido con Tereo y se lo sirve de comida. Cuando el rey se entera y se lanza en su persecución los tres son transformados en aves.

FINEO
Rey tracio, con facultades proféticas y ciego. Las Harpías lo torturaban constantemente robándole o ensuciándole la comida. El porqué de la ceguera y del tormento al que lo sometían las Harpías,

Folo y Heracles.

tiene numerosas versiones. Según Apolonio de Rodas y Valerio Flaco, fue cegado por los dioses debido a haber revelado a los hombres demasiadas profecías. Fue liberado de las harpías por los argonautas Zetes y Calais y, agradecido, indicó a los argonautas el modo de atravesar unas peligrosas rocas.

FÍTALO

Ateniense que ofreció su hospitalidad a Deméter, cuando buscando a Perséfone llegó a orillas del Cefiso. En agradecimiento, la diosa le regaló la primera higuera. Sus descendientes, los fitalitas, acogieron a Teseo y le purificaron de los asesinatos que había cometido en su viaje hasta Atenas. Por este hecho gozaban de prerrogativas especiales en las fiestas que se celebraban en honor a Teseo.

FRIXO

Hijo de Atamante y Néfele, soberanos de Orcómeno. Para salvar a Frixo y a su hermana Hele de la segunda esposa de su padre, Ino, Zeus envió un vellocino alado que se llevó a los dos niños del país. Hele murió en el camino, Frixo fue acogido por el rey Eetes en la Cólquide.

FOLO

Centauro, hijo de Sileno y una ninfa de los fresnos. Mientras Heracles perseguía al jabalí de Erimanto se hospedó en el hogar de Folo. Cuando comenzaron a beber vino los centauros atraídos por el olor se presentaron en la caverna. Entonces se entabló una lucha entre los centauros y el héroe, llevándose los primeros la peor parte. Accidentalmente Folo

Frixo y Hele.
Fresco romano.

fue herido con una de las flechas envenenadas de Heracles y murió.

FORCIS
Hijo de Gea y Ponto. Divinidad marina, hermano de Taumante, Nereo, Euribia y Ceto. Con su hermana Ceto engendró a monstruos como las Grayas, las Górgonas o Equidna.

FORONEO
Hijo del dios-río Ínaco y la oceánide Melia. Está considera el primer rey de Argos o incluso el primer hombre del Peloponeso. Se le atribuye el descubrimiento del fuego, la reunión de los hombres en ciudades y la introducción en el Peloponeso del culto a la Hera Argiva. Para conmemorar la aparición del fuego, se erigió un altar con una llama siempre encendida, estos hechos hacen que frecuentemente se le halla confundido con Prometeo. Se casó con Cerdo y con ella tuvo Pelasgo, a Lirco y a Níobe.

FUENTE DE CASTALIA
(DELFOS)
Lugar al que acuden la pitonisa y los sacerdotes del oráculo de Apolo en Delfos, para purificarse antes de entrar al templo.

GALANTIS

Amiga o criada predilecta de Alcmena. Por orden de Hera, la diosa de los partos, llamada Ilitía, se hallaba sentada con los brazos y las piernas cruzadas para impedir que Alcmena diese a luz a Heracles. Galantis engañó a Ilitía diciéndole que Heracles ya había nacido gracias a la intervención de Zeus. Ilitía airada, se levantó, momento que aprovechó Alcmena para tener a su hijo. Por esta argucia Ilitía convirtió a Galantis en comadreja.

GALATEA

La versión más conocida hace de ella una nereida enamorada de Acis, un hijo del dios Pan. El Cíclope Polifemo que amaba a la nereida, sorprendió a los amantes juntos. Lleno de rabia lanzó una enorme roca contra Acis y lo aplastó. Galatea entonces transformó el cuerpo de su amado en un rió de cristalinas aguas.

GANÍMEDES

Generalmente está considerado hijo de Tros y Calírroe. Perteneciente a la estirpe real troyana. Era un adolescente sumamente bello. Zeus enamorado de él lo raptó y lo nombró copero del Olimpo, labor en la que sustituyó a Hebe. Para compensar a la familia, Zeus les regaló unos caballos divinos o una cepa de oro obra de Hefesto.

GEA

Tierra. Uno de los tres elementos que constituyen el Universo. Se le rendía culto como diosa fecundadora y depositaria de la sabiduría. Más tarde estos cultos, se trasladaron a dioses mas recientes.

Glauco.

Deméter absorbió el culto a la fecundidad, Apolo quedó como divinidad oracular y Hades pasó a ser el dios de los muertos, que alberga Gea en su seno.

GERÍONES

Hijo de Crisaor y Calírroe. Tenía tres cuerpos que se unían en la cintura. Poseía una potente fuerza. Heracles le robó su rebaño de bueyes como parte de los doce trabajos que debía realizar.

GIGANTES

Hijos de Gea. Tienen forma de serpiente, de cintura para abajo y están provistos de alas. Nacieron de las gotas de sangre de Urano, caídas sobre Gea. Fueron engendrados por Gea para vengar a los Titanes, que habían sido relegados al Tártaro por Zeus.

GLAUCO

Hijo de Minos y Pasífae. Soberanos de Creta. Siendo niño se cayó en una jarra de miel y se ahogó. Resucitado por Poliido o por Asclepio.

GORDIAS

Humilde campesino que fue nombrado rey de los frigios. Un oráculo dictaminó que el primero que se presentase en un carro tirado por bueyes traería la paz al país. Mientras los frigios discutían la profecía, se presentó Gordias en su carro de bueyes con su esposa y su hijo Midas —según algunos Midas era hijo de Gordias y Cibeles—. Consagró su carro a Zeus que depositándolo en la ciudadela, su timón y yugo estaban unidos por un nudo tan intrincado —nudo gordiano— que se decía que quien lograse deshacer

Las tres Gracias de
Antonio Canova.

el nudo obtendría el dominio de Asia. En el año 334 Alejandro Magno resolvió el problema cortando el nudo con su espada.

GÓRGONAS
Hijas de Forcis y Ceto. Eran tres: Esteno, Euríale y Medusa. Las dos primeras eran inmortales y Medusa, que no era inmortal, fue derrotada por Perseo.

GRACIAS
En Grecia son llamadas Cárites, hijas de Zeus y Afrodita. Son tres, Eufrosina, la que alegra el cora-zón, Aglae, la brillante y Talía, la que hace florecer. Son parte del cortejo de Apolo y acuden a los banquetes junto con las musas.

GRAYAS
Son la personificación de la vejez. Hermanas de las Gorgonas. Son tres: Dino, Enio y Pefredo. Vigilan la entrada de la morada de las Gorgonas.

GRIFOS
Animales con cuerpo de león, alas y pico de águila. Guardaban tesoros.

HADES

Hijo de Cronos y Rea. Hades es el dios de los muertos y da nombre al lugar donde reside. Es el esposo de su sobrina Perséfone, a la cual raptó temiendo ser rechazado. Rara vez sale de sus dominios. Los Cíclopes le regalaron un casco de piel de perro, con el que puede hacerse invisible. Los griegos evitaban pronunciar su nombre con fecuencia por traer malos augurios. Los romanos le llamaron Plutón.

HAMADRÍADES

Ninfas del bosque. Viven en los árboles y representan su poder divino.

HARMONÍA

En la leyenda tebana Harmonía era hija de Ares y de Afrodita y se casó con Cadmo. A la boda asistieron todos los dioses con espléndidos regalos. Hefesto le regaló un collar que le proporcionaba belleza, Atenea un vestido que le confería divinidad, etc. Los regalos de Hefesto y Atenea pese a ser magníficos fueron fatales para la familia, pues poseían propiedades malignas y fueron regalados intencionadamente porque Harmonía era el fruto de unos amores adúlteros. El matrimonio tuvo a Ino, Ágave, Autónoe, Sémele, Ilirio y Polidoro.

HARPÍAS

Hijas de Taumante y Electra. Se llaman Aelo y Ocípete. Se las representa como genios alados, con cuerpo de ave y cabeza de mujer. Son genios del mal y mensajeras del dios infernal.

Héctor y Áyax
intercambian regalos.

Atormentaban a Fineo, rey de Tracia, los Argonautas, Calais y Zetes, las pusieron en fuga, librándole del tormento.

HEBE
Hija de Zeus y Hera. Personificación de la juventud eterna. Se encarga de servir a los dioses el néctar y ambrosía que les impide envejecer, desempeña las funciones de una diosa menor. Es la esposa de Heracles en el Olimpo —el héroe obtiene a Hebe como compañera en el mundo subterráneo—.

HÉCATE
Diosa de la magia, los encantamientos y también de las almas de los muertos. A pesar de ser una Titánide es honrada por los Olímpicos. Presencia el nacimiento y muerte de los hombres. Se la representa con tres cuerpos y antorchas en la manos.

HECATÓNQUIROS
Hijos de Urano y Gea. Son tres: Coto, Briareo y Gíes. Ayudaron a los Olímpicos en su lucha contra los Titanes. Vivían en el Tártaro, vigilando a los Titanes por encargo de Zeus.

HÉCTOR
Hijo de Príamo y Hécuba, soberanos de Troya. Primogénito de los reyes troyanos, es el verdadero representante de la ciudad y el único capaz de equipararse a Aquiles. Finalmente muere a manos de éste. Se casó con Andrómaca con quien tuvo a Escamandrio. En los consejos troyanos su voz suele prevalecer frecuente-

Hefesto.

mente sobre la de su propio padre. Mantuvo a raya a los Aqueos durante nueve años, y mientras duró la colera de Aquiles causo grandes daños a las tropas. Mantuvo dos combates contra Ayax Telamonio y en el segundo casi muere por una gran piedra lanzada por Ayax. Mata a Patroclo, por lo que Aquiles volvió a la batalla, enfrentandose con él en un duelo. Aquiles era asistido por Atenea y Héctor por Apolo, hasta que los dioses deciden que debe vencer el primero, abandonando Apolo la contienda. Guerrero caballeroso es el contrapunto de Aquiles, feroz y enajenado.

HECUBA

Esposa del rey Priamo de Troya, famosa por su fecundidad, que varia según los autores desde die- cinueve hasta cincuenta hijos. Su intervención en la contienda troyana es la de moderadora y madre ejemplar.

HEFESTO

Hijo de Zeus y Hera. Dios de la fragua y la forja, herrero, habilidoso con sus manos realizó innumerables trabajos. Los Cíclopes lo ayudaban en su labor. Es un dios deforme, por lo que fue rechazado por sus padres desde un primer momento. Moraba en una cueva donde tenía su fragua. A pesar de su fealdad tuvo tres hermosas esposas. Primero Cárite, después Áglaye y finalmente Afrodita de la que estaba tan enamorado que perdonaba todas sus infidelidades.

HELÉN

Hijo de Deucalión y Pirra. Héroe

Helena.

epónimo de los helenos, el territorio que ocupaba este pueblo fue llamado Hélade. Este héroe da nombre a toda la raza de los griegos. De él descienden tres de las principales ramas del pueblo griego, los dorios, los jonios y los eólios.

HELENA

Según la tradición hija de Zeus y Leda. Era la mujer más hermosa de la Tierra. Sobre ella y sus hermanas, las hijas de Tindáreo y Leda, pesaba una maldición que las obligaba a llevar una activa vida amorosa. Se casó con el átrida Menelao, más tarde huyó con Paris a Troya, lo que ocasionó el asedio de la ciudad. Al finalizar la guerra es rescatada y perdonada por Menelao. La leyenda más difundida relata cómo Helena finalmente es divinizada y llevada al Olimpo.

HELENO

Hijo de Príamo y Hécuba, soberanos de Troya. Poseía el don profético como su hermana gemela Casandra. Fue raptado por los aqueos a los que reveló ciertas condiciones que habían de darse para la toma de la ciudad. Cuando los griegos tomaron la ciudad fue asignado como esclavo a Neoptólemo. Con la muerte de Neoptólemo se casó con Andrómaca y juntos reinaron en Epiro.

HELÍADAS

Hijos de Helio y de Rodo. Son: Óquimo, Cércafo, Macareo, Acis, Ténages, Triopas y Cátalo. Todos los hermanos era grandes astrólogos, nacidos en la isla de Rodas.

Helios guiando su carro.
Relieve troyano del siglo IV a. C.

Macareo, Cándalo, Actis y Triopas, celosos de la sabiduría de Ténages, lo mataron, por lo que tuvieron que huir. Óquimo se casó con la ninfa Hegetoria. De ella tuvo a Cídipe, que se desposó con su tío Cércafo y ambos heredaron la corona de Óquimo a su muerte. Los hijos de estos últimos, Lindo, Yáliso y Camiro, se repartieron el país.

HELÍADES

Hijas de Helios y de Clímene. Hermanas de Faetonte. Se llaman Mérope, Helia, Febe, Eteria y Dioxipe. Cuando su hermano Faetonte fue fulminado por Zeus con un rayo, le lloraron amargamente. Sus lágrimas se transformaron en ámbar y finalmente ellas se metamorfosearon en álamos. Una de las versiones cuenta que la transformación fue un castigo por facilitar a su hermano el carro solar sin permiso de Helios.

HELIOS

Personificación del sol. Hijo del titán Hiperión y la titánide Tía. Hermano de Eos —la Aurora— y de Selene —la Luna—. Vive en la isla de Rodas. Con Rode tuvo siete hijos que han sido llamados los helíadas. Los helíadas son astrónomos de renombre y personifican a los siete días de la semana. Se le representa como un áuriga con el disco solar en torno a su cabeza y montado en un carro que todos los días recorre el firmamento de este a oeste. Apolo sustituyó a Helio en su faceta de conductor del carro solar.

HEMÓN

Hijo de Creonte y Eurídice. Prome-

Hera amamantando
a Ares.

tido de Antígona. Según algunas versiones se suicidó en la tumba de los labdácidas, cuando acudió a rescatar a su amada y la encontró muerta. Otras tradiciones lo suponen muerto a manos de la Esfinge.

HERA

Hija de Cronos y Rea. Reina en el Olimpo junto a su esposo y hermano Zeus. Con Zeus tuvo a Hebe, Ares, Ilitía y Hefesto. Celosa y vengativa, persigue implacablemente a las conquistas amorosas de su marido y a los hijos que tiene con ellas. En Grecia se le profesa culto como diosa protectora del matrimonio. También encontramos leyendas en las que intentan seducir a la diosa, pero nunca son consumadas y los pretendientes salen mal parados a manos de la propia Hera.

HERACLES

Hijo de Zeus y Alcmena. Es el más famoso de los héroes helénicos. Realizó los doce trabajos de Heracles. Al final de su vida alcanza la inmortalidad y vive en el Olimpo junto a su esposa Hebe. En Roma se le conocía como Hércules.

HERÁCLIDAS

Se consideran Heráclidas, no solo los hijos directos de Heracles, sino todos sus descendientes hasta la última generación.

HERMAFRODITO

Hijo de Hermes y Afrodita. Joven de gran belleza inspiró una gran pasión en Salmácide, ninfa de una fuente. Salmácide viéndose rechazada por el joven, un día que este se bañaba en sus aguas, se abra-

Hermes.

zó fuertemente a él pidiendo a la vez a los dioses que sus cuerpos nunca se separasen. El deseo fue concedido y así apareció un ser de doble naturaleza.

HERMES

Hijo de Zeus y Maya. Dios mensajero, bienhechor e inventor. Como mensajero de los dioses, en especial de Zeus, interviene en numerosas leyendas. Inventó la música, el alfabeto, la astronomía y la gimnasia entre otras cosas. Tuvo gran éxito en sus empresas amorosas, por lo que su descendencia es numerosa.

HERMÍONE

Hija de Helena y Menelao. Se casó con Neoptólemo aunque estaba prometida a Orestes. Hermíone acusaba a Andrómaca, concubina de su esposo que ya le había dado un hijo, de producir esterilidad en su matrimonio a base de hechizos. Para averiguar si esto era verdad, Neoptólemo acude al oráculo de Delfos donde se encuentra con Orestes que le da muerte. Se casó con Neoptólemo aunque estaba prometida a Orestes.

HESÍODO

De origen eolio, su existencia esta datada aproximadamente entre la segunda mitad del siglo VIII a.C. y la primera mitad del siglo VII a.C. Es posible que la vida de Hesíodo como la de Homero, hayan transcurrido coetáneas con la del sabio y reformador ateniense Solón. De este autor se poseen muchos más datos de su vida que del de su contemporáneo Homero, podemos encontrar numerosas citas sobre

Hestia.

sí mismo en sus obras. Si bien Hesíodo no nació en Beocia, sí pasó toda su infancia en esta tierra en la que se convertiría en pastor. Relatos de esta etapa de su vida los encontramos en una de sus obras *Los Trabajos y los días*. La leyenda de Hesíodo se superpone con la de Homero cuando autores como Pausanias, Plutarco y Tucícedes los sitúan en Calcis, en un enfrentamiento entre Aedos, donde contra todos los pronósticos, el vencedor fue Hesíodo.

HESÍONE

Hija de Laomedonte y Estrimo, soberanos de Troya. Apolo, Poseidón y Éaco construyeron las murallas de Troya, Laomedonte incumplió su palabra negándose a pagarles lo estipulado por su trabajo. Para aplacar la ira de los dioses, Hesíone debía ser entregada al engendro enviado por Poseidón. Heracles la salvó a cambio de unos corceles divinos que poseía Laomedonte. Nuevamente el soberano faltó a su palabra, por lo que tiempo después Heracles invadió Troya. Tras la toma de la ciudad, Hesíone fue cedida como esposa a Telamón, aliado de Heracles. Salvó a su hermano Príamo de la muerte, pidiéndolo como regalo de bodas. Engendró a Teucro y quizás también a Trambelo.

HESPÉRIDES

Hijas de la noche. Custodian un maravilloso jardín consagrado a Hera, donde están plantadas las manzanas de oro que recibió de la Tierra, como regalo nupcial. Estas manzanas conferían la inmortalidad.

Heracles
y la Hidra.

HESTIA

Hija de Cronos y Rea. Personificación del fuego del hogar. Es una de las diosas virginales, por lo que rechazó a todos sus pretendientes. Permanece inmóvil en el Olimpo honrada por los demás dioses. No tiene leyenda propia.

HÍADES

Grupo de estrellas de la constelación de Tauro, que en origen fueron ninfas que habitaban en Nisa o en Dodona, hijas de Atlas y Pléyone o Etra. Según Apolodoro, criaron a Dioniso una vez que Hera enloqueció a Ino, que hasta entonces era la que lo había cuidado. Su número varía entre dos y siete, según los autores, y sus nombres también varían según los distintos autores: Ambrosia, Eudora, Fesile, Corónide, Polixo, Feo y Dione según Higino. Tras llorar la muerte de su hermano Hías fueron colocadas en el firmamento como estrellas. Su nombre significa «portadoras de lluvia», y su salida por el firmamento, en el mes de mayo en la antigua Grecia, efectivamente, solía coincidir con grandes lluvias.

HIBRIS

Personifica la trasgresión de la normas generalmente admitidas. Va acompañada de una cadena en la que un eslabón lleva a otro, siendo estos: el Hartazgo, la Insolencia, el Castigo.

HIDRA DE LERNA

Hija de Tifón y Equidna. Monstruo con cuerpo de perro y nueve cabezas de serpiente, una de las cuales era inmortal. Matar a este

Hígia alimentando la serpiente.

engendro fue uno de los doce trabajos que Euristeo impuso a Heracles.

HÍGIA

Hija de Asclepio, dios de la medicina. Diosa griega que personifica la salud, pertenece al séquito de Asclepio. En un principio este nombre se le daba a Atenea a modo de título, posteriormente pasa a ser una hija de Asclepio. Se la representa de pie con una serpiente como atributo. En Roma se la identifica con Salus.

HILAS

Hijo del rey de los dríopes, Tiodamante. Heracles mató a Tiodamante y raptó a su hijo Hilas, del que se había enamorado. Durante la expedición de los argonautas, Hilas recibió en Misia la orden de recoger agua de una fuente del bosque. Las ninfas, viéndole tan hermoso, no le dejaron marchar. Tal fue el disgusto de Heracles por la desaparición de su amigo, que en lugar de proseguir el viaje con los argonautas se quedó en Misia buscando al muchacho. Y obligó a sus gentes a ayudarle, de manera que al final se creó una fiesta anual en la que se seguía buscando a Hilas.

HILO

Hijo de Heracles y Deyanira. Desposado con la concubina de su padre, Yole. Adoptado por Egimio, rey de los dorios, por lo que es epónimo de una de las tres tribus dorias. A la muerte de Heracles, con Hilo a la cabeza, los Heráclidas se refugiaron en Tebas del odio de Euristeo. Tiempo después

Himeneo.

los dirigió de regreso al Peloponeso, e interpretando erróneamente un oráculo que decía que deberían esperar tres generaciones para regresar y no tres años como pensó Hilo, la empresa fracasó. Hilo murió a manos de Équemo en un combate singular.

HIMENEO
Dios de las bodas. Hijo de Apolo y la musa Calíope.

HIPERIÓN
Se unió a su hermana Tía. Engendraron a Helio, Selene y Eos. Representa el fuego astral. Su descendencia crea un enlace entre las generaciones divinas.

HIPERMESTRA
Hija de Dánao, rey de Argos. Se concertó un matrimonio general entre las cincuenta hijas de Dánao y los cincuenta hijos de su hermano Egipto. Las hijas de Dánao tenían orden de matar a sus maridos y primos, la noche de bodas. Hiper-mestra perdonó la vida a su marido Linceo. Con él tuvo a Abante.

HIPNO
Dios del sueño. Hijo de la Noche y hermano gemelo de Tánato, la Muerte.

HIPOCOONTE
Hijo ilegítimo del rey Ébalo de Esparta y la ninfa Batia. Hermanastro de Tindáreo e Icario, a quienes arrebató el trono de Esparta. Tuvo doce hijos, los Hipocoontidas, todos murieron a manos de Heracles que restituyó el trono a Tindáreo.

La muerte de Hipólito.

HIPODAMÍA

Hija de Enómao, rey de Pisa. Enamorada de Pélope, lo ayudó a ganar la carrera a la su padre retaba a sus pretendientes sobornando a Mírtilo, auriga de Enómao. Durante la carrera cuando Enómao alcanzaba a su contrincante le atravesaba con su lanza. Ya tenía doce cabezas colgadas a la puerta de su casa para disuadir a posibles pretendientes. Al final de su vida fue desterrada por Pélope al instigar o matar a Crisipo, hijo de Pélope y Axíoque. Otras versiones cuentan cómo Crisipo se suicidó después de ser violado por Layo.

HIPÓLITA

Reina de las amazonas. Hija de Ares y Otrere. Uno de los trabajos del héroe Heracles, consistió en conseguir el cinturón que Ares, había regalado a su hija Hipólita. Fue muerta por Heracles.

HIPÓLITO

Hijo de la unión entre Teseo y la amazona Antíope. Fedra, esposa de su padre Teseo, enamorada de Hipólito, intenta seducirlo. Al ser rechazada acusa al muchacho de intentar violarla y después se suicida. Hipólito muere a consecuencia de una maldición de su padre.

HIPOMEDONTE

Hijo de Aristómaco y hermano de Adrastro. Fue uno de los siete caudillos argivos que participaron en la fallida expedición de los siete contra Tebas. Murió en dicha expedición.

HIPSÍPILA

Hija del rey de Lemnos, Toante,

Busto de Homero. Copia romana de un original griego del siglo II a. C.

y de Mirina. Debido a que Afrodita había castigado a las lemnias a desprender un olor fétido, los hombres no se acercaban a ellas. Así que una noche como venganza, las lemnias mataron a todos los varones del país. Solo se salvó Toante, que gracias a la protección de Hipsípila pudo huir. Después Hipsípila fue proclamada reina. Cuando llegaron los argonautas les dejaron arribar con la condición de que yaciesen con ellas. De estas uniones nació una numerosa prole. Hipsípila junto a Jasón tuvo a los gemelos Euneo y Toante. El motivo del enfado de Afrodita con las lemnias se debía a que éstas la habían suprimido de sus cultos por respeto a Hefesto ya que el adulterio de Afrodita con Ares se había cometido en Lemnos.

HOMERO

Se sabe muy poco de su persona, pero para los griegos de la antigüedad, eran muy importante sus relatos, ya que narraban sucesos de su propio pasado, es más, se consideraba a la *Ilíada* como hechos históricos y algunos fueron vitales para la educación griega, ya que sus historias de heroísmo, dolor y pasión, servían como pautas morales y definía el papel de los dioses en la embrionaria sociedad aquea. Vivió entre los siglos XII y VII a.C. y sus sitios de nacimiento se lo disputan unas siete ciudades jónicas.

HORAS

Hijas de Zeus y Temis. Son: Eunomía (Orden), Irene (Paz) y Dice (Justicia). Distribuían las lluvias y abrían y cerraban las puertas del Olimpo.

ICARIA

Lugar donde Dédalo da sepultura al cuerpo de su hijo Ícaro.

ICARIO

Hijo de Ébalo y Gorgófone, soberanos de Esparta. Hermano de Tindáreo y hermanastro de Hipocoonte. Fue desterrado junto a su hermano, por Hipocoonte. Se casó con Policaste, con la que engendró a Penélope, que fue entregada como esposa a Ulises.

ÍCARO

Hijo de Dédalo y Náucrate. Pereció ahogado en el mar, al intentar escapar de el laberinto, del Minotauro. Ícaro, llevaba una alas de cera construidas por su padre, y al acercarse demasiado al sol, se derritieron las alas, e Ícaro cayó al mar ahogándose.

IDAS

Hijo de Afareo y Arene. Es el más fuerte de los mortales, capaz de enfrentarse incluso a los dioses. Raptó a Marpesa, una nieta de Ares, pero Apolo también la pretendía. Ambos iban a enfrentarse por su amor cuando Zeus le pidió a Marpesa que eligiese. Ella eligió a Idas, por pensar que Apolo la abandonaría cuando la llegase la vejez. Junto a su hermano Linceo acudió a la cacería de Calidón y a la expedición de los Argonautas. También juntos se enfrentaron a los Dioscuros, Cástor y Pólux.

ÍFICLES

Hijo de Anfitrión y Alcmena. Hermano gemelo de Heracles. Acompañó a Heracles en algunas aventuras. Con su primera esposa Automedusa, tuvo a Yolao.

El sacrificio de
Ifigenia.

También le debía vasallaje a Euristeo aunque a él el rey lo trató con benevolencia. Murió luchando junto a su hermano en la guerra contra Hipocoonte.

IFIGENIA

Hija de Agamenón y Clitemestra. Fue entregada al sacrificio por su padre, para calmar las iras de Artemisa. Pero la diosa la salvó antes de consumarse el sacrificio y la llevó al país de los Tauros, donde fue sacerdotisa de un templo de la diosa.

IFIS

Este es un nombre que induce a confusión pues existen varios personajes masculinos llamados Ifis y también existen varios femeninos con este nombre. Esquilo cuenta en *Los siete contra Tebas* que era hijo de Alector, rey de Argos. Cuando Polinices le consultó como convencer a Anfiarao de que se uniese a la expedición de los siete contra Tebas, Ifis le aconsejó que sobornase a Erifile con el collar mágico de Harmonía. En esta expedición murieron su hijo Eteocles y su yerno Capaneo. La hija de Ifis se arrojó a la pira funeraria de su esposo Capaneo. Al morir sus dos hijos legó su reino a su nieto Esténelo, hijo de Evadne y Capaneo.

Según Apolonio de Rodas —*Argonáuticas*—, héroe que participó en el viaje de los Argonautas y nieto de Perseo.

En las *Metamorfosis* de Ovidio, es un muchacho humilde enamorado de Anaxáreta una princesa chipriota.

—¡Adivino de males! Jamás me has anunciado nada grato. Siempre te complaces en profetizar desgracias y nunca dijiste ni ejecutaste cosa buena. Y ahora, vaticinando ante los dánaos, afirmas que el Flechador les envía calamidades porque no quise admitir el espléndido rescate de la joven Criseida, a quien deseaba tener en mi casa. La prefiero, ciertamente, a Clitemnestra, mi legítima esposa, porque no le es inferior ni en el talle, ni en el natural, ni en inteligencia, ni en destreza.

Apolodoro la cita como una de las cincuenta hijas de Tespio (tespiades), a las que se unió Heracles.
Doncella cautiva procedente de Esciros, que Aquiles raptó para entregársela a su amigo Patroclo.

ÍFITO
Hijo de Éurito, rey de Ecalia. A veces se le incluye en la lista de los Argonautas. Era un famoso arquero. Heredó de su padre un arco que le había sido regalado por Apolo. En Mesene, en la casa de Orsíloco, obsequió a Odiseo (Ulises) con el arco y las flechas heredadas de su padre, con este presente Odiseo mató a los pretendientes de Penélope. A cambio Odiseo le entregó una espada y una lanza. En una de las versiones del mito, Ífito muere a manos de Heracles en un acceso de locura del héroe.

IINGE
Hija de Pan y de Eco. Dio a Zeus una pócima que encendió la pasión del dios por la hermosa Io. Como castigo, Hera la transformó en el pájaro que lleva su mismo nombre. Este animal suele ser utilizado para realizar conjuros amorosos.

ILIADA, LA
Celebre poema épico atribuido generalmente a Homero. Relata un episodio de la guerra de Troya. Desde la discusión entre Agamenón y Aquiles, hasta la muerte de Héctor a manos de Aquiles. Constituye este poema un magnífico retrato de los griegos de la época.
Esta épica historia la relató Homero. Cuenta la historia de como los griegos se apoderan de la ciu-

Pero, incluso así, consiento en devolverla, si esto es lo mejor; quiero que el pueblo se salve, no que perezca. Pero preparadme pronto otra recompensa, para que no sea yo el único argivo que se quede sin tenerla; lo cual no parecería decoroso. Ved todos que se me va de las manos la que me había correspondido.

ILÍADA, CANTO I
[Fragmento en el que Agamenón se dirige a Calcante]
HOMERO

---

dad de Troya mediante la astucia. Muchos héroes griegos participaron en esta guerra, por ejemplo Aquiles u Odiseo, quien inventó el caballo con el que engañaron a los troyanos y así poder vencerles.

ILIRIO

Héroe epónimo de Iliria. Nacido de Cadmo y Harmonía cuando estos ya eran ancianos, durante la expedición contra los ilirios.

ILITÍA

Hija de Zeus y Hera. Diosa de los alumbramientos. No tiene mito propio.

ILO

Hijo de Tros y Calírroe. Fundador de la ciudad de Ilión, que más tarde fue llamada Troya. Recibió de Zeus el Paladio, estatua de Atenea que protegía a Troya.

ÍNACO

Personificación del río Ínaco, situado en la Argólide. Reinó en Argos junto a su esposa, la oceánide Melia. Junto a sus hermanos, los ríos Asterión y Cefiso, dictaminó la primacía de Hera sobre la Argólide, por lo que se ganó el odio de Poseidón, que competía con la diosa por la hegemonía de la zona. Padre de Foroneo y de Io.

INO

Hija de Cadmo y Harmonía. Fue la segunda esposa del rey Atamante, que había estado casado con Néfole y con la que había tenido a Frixo y a Hele. Con Ino tuvo a Learco y a Melicertes. Acogió a su sobrino Dionisio,

Júpiter y Io.

Hera enojada con los monarcas por proteger el fruto del adulterio de Zeus, los enloqueció. En este estado de enajenación Atamante mató Learco confundiéndole con un ciervo e Ino echó a Melicertes a una caldera hirviendo a la que el niño sobrevivió. Celosa Ino de los hijos de Néfole intentó eliminarlos. Cuando Atamante descubrió la estratagema expulso a Ino y a Melicertes. Madre e hijo se suicidaron arrojándose al mar, pero por intervención de Dionisio Melicertes fue transformado en el dios marino Palemón e Ino en la diosa marina Leucótea.

IO
Hija del dios-río Ínaco y la océanide Melia. Durante un encuentro que tuvo con Zeus, apareció Hera, por lo que el dios trasformó a la muchacha en una vaca, para protegerla de las iras de la diosa. Hera le pidió a Zeus que le regalase la vaca y la puso bajo la vigilancia de Argo Panoples. Hermes fue el encargado de sustraer a la vaca para devolverla a su forma real, pero antes de que esto pudiera ocurrir, Hera mandó un tábano que con sus picotazos hizo huir al animal hasta Egipto, donde por fin recuperó su forma real. Fue reina de Egipto y se la adoró bajo el nombre de Isis. Dio a Zeus un hijo llamado Épafo.

IRIS
Hija de Taumante y la océanide Electra. Personificación del arco iris. Mensajera de los dioses. Como diosa mensajera la encontramos frecuentemente llevando

Muerte de Ismene a
manos de Tideo.

mensajes a dioses y a hombres. Normalmente actúa de parte de Hera, de la que a veces aparece como su criada.

IRO

Apodo con el que se conocía a un mendigo de Ítaca. Realmente se llamaba Arneo. Le llamaban Iro, por que al igual que la diosa Iris, hacía todos los recados que le encargaban. Incitado por Antínoo, uno de los pretendientes de Penélope, se enfrentó a Odiseo (Ulises).

ISMENE

Hija de Edipo y Yocasta, soberanos de Tebas. Hermana de Polinices, Eteocles y Antígona. Según una de las tradiciones, muere a manos de Tideo al sorprenderla este fuera de la ciudad cuando acudía a una cita con su enamorado, un tebano llamado Teoclímeno.

IXIÓN

Hijo de Flegias, rey de los Lapitas (pueblo situado en Tesalia. Según esta genealogía sería hermano de Corónide, madre de Asclepio, dios de la medicina) y de Perimela. Se casó con Día, una hija del rey Deyoneo, al que hizo grandes promesas para conseguir la mano de la doncella. Cuando Deyoneo solicitó el pago de la promesa Ixión lo mató. En otra ocasión intentó violar a Hera, por este sacrilegio Zeus lo ató a una rueda encendida que no cesaba de girar.

También hay tradiciones que lo hacen hijo de Ares (dios de la guerra), de Aetón, de Andión o de Pisión. Su madre sería Perimela.

JACINTO

Príncipe espartano (o laconio según versiones) muerto por Apolo. Jacinto era un joven de gran belleza, del cual se enamoró Apolo, que pasaba largas horas con él. Un día que jugaban con el disco se dice que el Viento del Oeste, celoso de Apolo, desvió con una ráfaga de aire su trayectoria y golpeó el cuello del infortunado muchacho, cuya cabeza se cortó como un tallo, cayendo al suelo. De la hierba regada con su sangre floreció una flor, el Jacinto.

Se dice que Tamiris, el gran músico tracio, "inventó" la pederastia inspirado por Jacinto.

JAPETÓNIDA

Nombre que designa a la prole de Jápeto.

JÁPETO

Titán, hijo de Urano y Gea. Se unió a su sobrina, la Oceánide Asia o quizás con Clímene. Tuvieron a Atlas, Prometeo, Epimeteo y Menecio. Está relacionado con el origen de los humanos y su descendencia actuará de mediador entre los hombres y los dioses.

JASÓN

Hijo de Esón y Alcímeda, soberanos de Yolco. Pelias que había expulsado a Esón, del trono de Yolco, envía a Jasón a buscar el vellocino de oro que posee el rey Eetes en la Cólquide. Jasón emprende la embajada en compañía de unos cincuenta héroes griegos que son denominados, argonautas.

LABDACO

Hijo de Polidoro y Nicteis; nieto de Cadmo y de Ctonio, un espartoi. Fue rey de Tebas, lo más sobresaliente de su reinado fue la guerra que mantuvo con el rey de Atenas, Pandion, por motivos fronterizos. Es el padre de Layo y el abuelo de Edipo.

LAERTES

Hijo de Arcisio y Calcomedusa. Esposo de Anticlea. Padre de Ctímene y Odiseo (Ulises). Rey de Ítaca. Durante la ausencia de Odiseo, permaneció retirado en el campo hasta que a su regreso Odiseo va a verle. Ctímene se casó con Euríloco, un compañero de Odiseo que murió durante el regreso a Ítaca.

LAFISTIO

Monte donde los hermanos Frixo y Hele iban a ser sacrificados por Atamante, su propio padre. Ino la madrastra de los infantes había convencido a su esposo de que así lo querían los dioses. Zeus mandó al vellocino de oro, un carnero volador que se llevó a los infantes lejos de allí para evitar la inmolación de los niños. La piel de este vellocino de oro es el que posteriormente los argonautas fueron a buscar a la Cólquide.

LAODAMIA

Hija de Acasto y esposa de Protesilao, al que amaba apasionadamente. En su ausencia, mientras este estaba en el asedio de Troya, tenía tal añoranza que hizo fabricar una efigie de su esposo a la que acostaba en su cama mientras esperaba su retorno. Pero cuando este murió en Troya,

Heracles a punto de matar a Laomedonte. Grabado en una botella procedente del sur de la Galia, finales del siglo I.

Laodamia suplicó a los dioses que le permitieran reunirse co él, aunque solo fuera por poco tiempo. Hermes, cumpliendo las órdenes de Zeus, bajó a los infiernos y buscó la sombra de Protesilao para que diera vida a su estatua. Mientras Laodamia lo estrechaba entre sus brazos, incapaz de imaginarse nuevamente separada de él, se apuñaló a fin de reunirse con su esposo en el mundo subterráneo. Según otra versión, Protesilao vuelve al Tártaro, su esposa continúa acostándose con su estatua y cuando Acasto lo descubre, la quema y Laodamia muere lanzándose a las llamas.

LAÓDICE
Hija de Príamo y Hécuba. Según la *Ilíada*, «la más hermosa de las princesas». Cuando se presentaron Diómedes y Acamante en Troya para reclamar a Helena, Laódice quedó poseída de deseo por el joven Acamante y se unió con él en Dárdano. Tuvo un hijo llamado Múnito, que fue criado por Etra. Fue esposa de Helicaón, hijo de Antenor. Tras la toma de Troya, para evitar caer en poder de los griegos, imploró a los dioses que se la tragara la Tierra, y efectivamente, se abrió la Tierra y se la tragó.

LAOMEDONTE
Rey de Troya. Con ayuda de Apolo y Poseidón construyó la muralla que rodeaba la ciudad. Una vez terminada la obra el rey se negó a pagar el salario estipulado a los dioses, por lo que estos mandaron una peste y un monstruo que asolaron la ciudad. Para aplacarles fue ofrecida en sacrificio al monstruo,

Laocoonte.

una de las hijas de Laomedonte. Heracles se ofreció a salvar a la muchacha a cambio de las yeguas divinas que le había regalado Zeus. Pero como un vez realizada la empresa, Laomedonte intentó dar a Heracles unas yeguas mortales en lugar de las prometidas. Heracles se vengó dando muerte al rey y a todos sus hijos menos a Príamo, que no estaba de acuerdo con su padre y que como único descendiente heredó Troya.

LAOCOONTE

Sacerdote de Apolo en Troya. Intuyó la estratagema de los aqueos, con el caballo de Troya. Los troyanos le pidieron que hiciese un sacrificio a Poseidón. Mientras lo hacía, del mar surgieron dos gigantescas serpientes que mataron a Laocoonte y a sus hijos. Los troyanos pensaron que era un castigo por dudar del caballo de madera y lo introdujeron en la ciudad.

LATINO

Héroe epónimo de los latinos. Su genealogía y historia es confusa. Según unos desciende de los griegos, sus padres pudieron ser Odiseo y Circe. O según otros de los latinos, con padres como los dioses romanos Fauno y Marica. En su leyenda apoyó a Eneas o luchó contra él, según la versión. Los distintos autores confluyen en que Eneas se casó con Lavinia, hija de Latino y heredó su reino.

LATONA

Una de las Titánides. Su leyenda y su culto estuvieron estrechamente vinculados a la isla de Delos. Amada por Zeus, aguarda-

Leda y el cisne (1864), por Auguste Clésinger. Museo de Picardía, Amiens. Se dice que Zeus se transformó en cisne y violó a Leda. De esta unión, nació Helena de Torya.

ba el momento en que debían nacer sus dos hijos, los dioses Apolo y Artemis. Pero Hera (la legítima esposa de Zeus), a causa de los celos, había ordenado que en ningún lugar de la Tierra se acogiera a Latona cuando le llegara la hora de parir. Zeus hizo surgir desde las profundidades del mar una nueva tierra, la isla de Delos, isla errante para que Hera no pudiera enterarse del nacimiento de sus hijos con Latona. Tambien llamada Leto por los griegos.

LAYO

Hijo de Lábdaco y padre de Edipo. Layo huyó de su Tebas natal con la ocupación del trono por parte de los gemelos Zeto y Anfíon. Fue acogido en la corte del rey Pélope, pero se enamoró de su hijo Crisipo y faltó a las leyes de la hospitalidad raptando al muchacho. Por lo que Pélope le lanzó una maldición que le acarrearía numerosas desgracias. Fue llamado por los tebanos para ocupar el trono tras la desaparición de Zeto y Anfíon y se casó con Yocasta. Como el oráculo le había predicho murió a manos de su propio hijo.

LEANDRO

Joven que vivía en Abidos, ciudad situada en uno de los lados del estrecho del Helespondo. En Sestos, situada en la orilla opuesta vivía Hero, una sacerdotisa de Afrodita de la que estaba enamorado. Todas la noches Hero ponía una lámpara encendida en la ventana de su torre para guiar a Leandro, que cruzaba el mar a nado para pasar la noche con su

Hércules y el León de Nemea.

amada. Por la mañana regresaba a nado a su ciudad. Una noche de tempestad la lámpara se apagó y Leandro se perdió en la noche. Por la mañana Hero descubrió su cadáver al pie de su torre, subió a lo alto y se arrojó al vacío.

LEBINTOS Y CALIMNE (PROXIMIDADES)

Lugar donde Ícaro se precipita al mar y muere.

LEDA

Hija del rey de Etolia Testio y de Eurítemis. Esposa de Tindáreo, rey de Lacedemonia. La tradición más extendida la hace madre de algunos de los personajes más relevantes de la mitología griega. En una misma noche se habría unido a Zeus y a Tindáreo. Como consecuencia de esa noche Leda puso dos huevos de uno salieron Helena y Pólux, hijos de Zeus y de otro Clitemestra y Cástor, hijos de Tindáreo.

LEÓN DE NEMEA

Hijo de Ortro y Equidna. Era un león de gran tamaño con una piel invulnerable a las armas y el fuego. Fue el primero de los doce trabajos que realizó Heracles. A partir de entonces, el héroe utilizó la piel del animal para vestirse.

LETO

Hija de los titanes Ceo y Febe. Madre junto a Zeus, de Apolo y Artemisa. Hera, celosa de Leto, la prohibió dar a luz donde brillase el sol. Después de mucho errar por fin Leto llegó a la isla de Delos, donde Poseidón levantó una bóveda de agua alrededor de la isla que

no dejaba pasar los rayos del Sol y así pudieron nacer los gemelos.

LICAS

Heraldo y compañero de Heracles. Por orden de Deyanira, esposa de Heracles, traicionó al héroe, llevándole una túnica que ella había envenenado anteriormente untándola con sangre del centauro Neso, lo que provocó un inmenso dolor a Heracles. Éste agarró a Licas por los pies y lo arrojó al mar, convirtiéndose en una roca.

LICEO

Monte donde nace Zeus, el hijo menor de Cronos y Rea.

LICO

Hijo de Pandion y Pila. Una vez repartido el legado de su padre, expulsado por su hermano Egeo. Se instala en el país de los Térmilos, allí adquiere fama como adivino y sacerdote de Apolo Licio. Hijo de Ctonio, un esparto y hermano de Nicteo. Junto a su hermano huyó de Eubea por dar muerte a Fleijas. Tomó la regencia de Tebas a la muerte de su hermano. Hizo regresar a su sobrina Antíope a Tebas donde fue maltratada por Dirce, esposa de Lico. Antíope dio luz a Andion y a Zeto, que fueron abandonados por orden de Lico y que en su madurez se vengaron de Lico y de Dirce.

LICOMEDES

Rey de la isla de Esciros. En su corte fueron acogidos Teseo y Aquiles. Teseo se refugió allí después de perder su trono en Atenas. Aparentemente fue bien recibido

Aquiles en la corte del Rey
Licomedes (página anterior).

por Licomedes, pero temeroso el rey de que Teseo persiguiese su corona, lo despeñó por un acantilado. Aquiles fue llevado a Esciros por su madre, que lo escondió en los aposentos de las mujeres para que el héroe no participase en la guerra de Troya donde estaba escrito que moriría. Durante su estancia en la isla tuvo a Neoptólemo con Deidamía, una hija de Licomedes.

LINCEO
Hijo de Egipto. Fue el único de los cincuenta hijos de Egipto casados con las cincuenta hijas de su tío Dánao, que se salvó de morir a manos de su esposa en la noche de bodas. Huyó de la ciudad y no regresó hasta que su esposa Hipermestra le hizo señas con una antorcha. Sucedió a su tío Dánao en el trono de Argos. Padre de Abante.

Hijo de Afareo y Arene. Su vista era tan extraordinaria que veía incluso a través de los objetos opacos. Con su hermano Idas participó en la cacería de Calidón y la expedición de los Argonautas. Ambos se enfrentaron a los Dioscuros.

LINCO
Rey de Escitia. Triptólemo se alojó en su casa, durante el viaje que dedicó a difundir el cultivo del trigo. Linco dominado por la envidia intentó asesinarlo, para evitarlo Deméter lo transformó en lince.

LINO
En la mitología griega Lino fue instructor de música de Heracles,

Linus (a la derecha), con un pergamino enrollable en sus manos. Medallón de 440-435 a. C.

y le enseñó a tocar la lira, pero en una ocasión en que reprendió agriamente a su pupilo, éste perdió los estribos y le golpeó con la lira en la cabeza, matándolo.

LITIERSES

Hijo del rey Midas. Acostumbraba a proponer a los extranjeros que trabajasen para él o que compitiesen con él en la siega. Si se negaban los mataba, si aceptaban los mataba cuando terminaba la jornada. Heracles pasó por sus tierras y lo mató. Algunas leyendas cuentan que lo hizo para liberar a un esclavo de Litierses, el pastor Dafnis, que había sido atrapado mientras recorría el mundo en busca de su amada Pimplea.

MACAÓN

Hijo de Asclepio dios de la medicina. Fue un gran médico especializado en cirugía. Participó en la expedición contra Troya. Entre sus curaciones más famosas se encuentran las de Télefo, Menelao y la de Filoctetes. Su nombre figura en la lista de los héroes que entraron en Troya metidos en el famoso caballo de madera. Muere, según las versiones, a manos de Eurípilo o de la amazona Pentesilea. Con su esposa Anticlea tuvo a Diocles, a Górgaso y a Nicómano.

MACARIA

Hija de Heracles y Deyanira. Su única hija. Apagó la pira funeraria de su padre en el monte Eta. Acompañó a sus hermanos cuando se refugiaron en Tebas del acoso de Euristeo. Como el oráculo predijo que la victoria sobre Euristeo sólo sería posible tras un sacrificio humano, ella se ofreció como víctima.

MARATÓN

Hijo de Epopeo, rey de Sición. Abandonó su país ya siendo un hombre adulto, harto de su tirano padre y se estableció en la ciudad que lleva su nombre. Muerto Epopeo volvió a su patria, reuniendo bajo su poder a Sición y Corinto, ciudades que llevan el nombre de sus dos hijos.

MARPESA

Hija de Eveno, rey de Etolia y nieta de Ares. Los aspirantes a la mano de Marpesa debían vencer a su padre en una carrera, si éste los vencía eran decapitados. Idas, un primo de los Dioscuros, logró ven-

Marsias y olimpo.

cerle gracias a un carro con un tiro alado regalo de Poseidón. Pero cuando Idas regresó a por Marpesa, esta había sido raptada por Apolo. Cuando el dios y el héroe se disponían a luchar intervino Zeus pidiendo que Marpesa eligiese entre ambos. La muchacha eligió a Idas temiendo que Apolo se olvidase pronto de ella. Idas y Marpesa engendraron a Cleopatra a la que en ocasiones se la llama Alcíone. Esta doncella se casó con Meleagro.

MARSIAS

Marsias encontró una flauta que había pertenecido a Atenea y que ésta había maldecido porque su rostro se desfiguraba al tocarla. Con solo acercarla los labios salían de ella tan hermosas melodias, que Marsias se atrevió a desafiar a Apolo a una competición musical. Apolo ganó y como castigo despellejó vivo a Marsias.

MAYA

Madre de Hermes. Personifica el crecimiento de las plantas. Da nombre al mes de Maya.

Segun la mitología, Maya era una de las Pléyades, por lo tanto hija de Atlas y de Pleyona. Se unió a Zeus y fue madre de Hermes, el alado mensajero.

MEDEA

Hija de Eetes, rey de la Cólquida y de la Oceánida. Versada en pócimas y encantamientos, a través de éstos ayuda a Jasón a conseguir el vellocino de oro. La leyenda finalmente nos la presenta en los Campos Elíseos, como esposa de Aquiles.

Medusa y Pegaso.

MEDO

Hijo de Egeo y Medea. Junto a su madre huyó de Atenas. Son separados por una tempestad y Medo llega en primer lugar a la Cólquida. Perses, que había derrocado al abuelo de Medo, encarcela al muchacho. Después llega Medea y se ofrece a librar al país de la escasez que le azota. Y pide que le sea entregado el prisionero. Al ver a su hijo, Medea le entrega un arma con el que Medo mata a Perses. Después, según versiones, Medo queda con el reino o se lo devuelve a su abuelo Eetes.

MEDONTE

Pretendiente de Penélope. Reveló a su pretendida, la conspiración urdida por el resto de los pretendientes para matar a Telémaco, cuando éste regresó de su viaje en busca de Odiseo (Ulises). Por esta razón se salvó de ser aniquilado cuando Odiseo regresó a Ítaca.

MEDUSA

Hija de Forcis y de Ceto. Es una de las Gorgonas con sus hermanas Esteno y Euríale. Estas tres Gorgonas son monstruos marinos. Medusa, la única mortal de las tres hermanas, murió a manos de Perseo. Era un engendro alado con la cabeza llena de serpientes en lugar de pelo. Su mirada convertía en piedra, por lo que Atenea la colocó en su escudo como arma después de que se la entregase Perseo. La sangre de la Medusa resucitaba a los muertos —en cambio, la parte izquierda de Medusa poseía una sangre con un virulento veneno— y con ella Asclepio resucitó a algunos héroes. Madre

Dos interpretaciones de Medusa.

de Pegaso y Crisaor, quienes nacieron tras ser decapitada.

Se atrevió a compararse con Atenea, por lo que la diosa la transformó en el monstruo que conocemos. Según otro mito, Medusa se unió a Poseidón en un templo de Atenea, ganándose la enemistad de esta última. De esta unión nacieron Pegaso y Crisaor, estos dos surgieron del cadáver de Medusa, cuando Perseo le cortó la cabeza.

MEGARA

Hija de Creonte, rey de Tebas. Primer mujer de Heracles. Con éste tuvo tres niños: Terímaco, Creontíades y Deicoonte. Hera, la vengativa esposa de Zeus, en venganza contra Heracles lo enloqueció y éste mató a sus tres hijos y a Megara. Al darse cuenta lo que hizo, para purgar la culpa tuvo que cumplir los famosos 12 trabajos de Heracles. Otra versión nos cuenta que Megara fue entregada a Yolo cuando este partió a Tebas.

MELANCIO

Cabrero de Odiseo (Ulises). Hermano de la criada de Odiseo, Melanto. Ambos se pusieron de parte de los pretendientes de Penélope. Durante la lucha entre los pretendientes y Odiseo, Melancio se encargó de proporcionar armas a los pretendientes. Finalmente fue encerrado en el aposento de las armas. Cuando terminó la contienda, Melanto fue ahorcada y Melancio despedazado.

MELEÁGRIDES

Se les llama así a unas doncellas trasformadas en pintadas. Eran

Meleagro.

hijas de Eneo y Altea. Hermanas de Meleagro. Cuando este murió ellas le lloraron tanto que sus lágrimas se transformaron en ámbar. Artemisa finalmente las transforma en aves y las lleva a Leros. Las hermanas eran: Eurimede, Melanipa, Gorge y Deyanira. Aunque las dos últimas recobraron su forma humana por intercesión de Dionisio. Algunos autores mencionan también como Meleagrídes a: Febe, Eurídice, Menesto, Erato, Antíope e Hipodamía.

MELEAGRO
Hijo de Eneo y Altea, soberanos de Calidón. Al nacer, las moiras advirtieron a la madre que el niño moriría una vez consumido un tizón que ardía en ese momento en el hogar. Altea se apresuró a sacarlo del fuego y a guardarlo en un cofre. Años después, como castigo por olvidarla en un sacrificio, Artemisa envió a Calidón un jabalí que hacia estragos en las cosechas. Se organizó una cacería con numerosos héroes de la época. Meleagro había prometido la piel y los colmillos al que lo cazase. Meleagro mató al animal, pero enamorado de Atalanta, que también participaba en la cacería, le ofreció a ella el trofeo. Los tíos de Meleagro le disputaron el premio a Atalanta y Meleagro los mató. Al enterarse Altea de la muerte de sus hermanos, en un ataque de ira arrojó el tizón al fuego. Cuando Altea se dio cuenta de lo que había hecho se suicidó, también lo hizo Cleopatra, la esposa del héroe. Sus hermanas lloraron tan desconsoladamente su muerte, que fueron trasformadas en aves, a excepción

Menelao y su esposa
Helena.

de Gorge y Deyanira. Cuando el héroe se topó con Heracles en el Hades y le contó sus desgracias, Heracles le prometió casarse con Deyanira. El mito de Meleagro tiene muchas versiones según el autor que trate la leyenda, esta es solo una de ellas.

MELIA
En la mitología griega, Melia era una ninfa, una de la Melias, que eran hijas de Océano. Con su hermano Ínaco, fue madre de Ío y Foroneo. En otras historias, fue además madre con Ínaco de Egialeo, Micena, Argos, Pelagos y Caso. Y aún en otras, era la madre de Ámico con Poseidón.

MELISA
Sacerdotisa de Deméter despedazada por sus vecinas que intentaron hacerla desvelar los misterios en los que había sido iniciada por la diosa. Como castigo, Deméter mandó una peste que asoló el lugar y en reconocimiento a la finada, del cuerpo de Melisa salieron abejas.

MEMNON
Hijo de Eos y Titonio. Fue enviado por su padre en socorro de Troya. Mato a Antíloco y luego este fue vengado por Aquiles. Eos rogó a Zeus que le hiciera inmortal.

MENECIO
Hijo de Jápeto y Asia, o de Jápeto y Clímene. Hermano de Prometeo, Atlas y Epimeteo.

MENELAO
Hijo de Atreo y Aérope, soberanos

de Micenas. A la muerte de su padre él y su hermano Agamenón se vieron forzados a huir de Micenas. Fueron acogidos en Esparta por el rey Tindáreo y se casó con su hija Helena, la mujer más hermosa del mundo. Después de nueve años de matrimonio Helena ,sobre la que pesaba una maldición que la forzaba al adulterio, huyó a Troya con Paris. Menelao organizó una expedición para recuperar a Helena y así comenzó la famosa guerra de Troya.

METIS

Hija de Océano y Tetis. Consejera de los dioses. Primera esposa de Zeus. Zeus recibió el aviso de Gea de que Metis le daría primero una hija y después un hijo, que lo destronaría. Para evitarlo, Zeus se tragó a Metis, cuando esta estaba embarazada de Atenea. Atenea más tarde nació saliendo de la cabeza de Zeus. También fue Metis, quien proporcionó a Zeus, la pócima que tomó Cronos y que le hizo vomitar a su prole.

MIDAS

Legendario rey de Frigia, al que Dioniso concedió el deseo de convertir en oro todo lo que tocaba.

MINOS

Hijo de Zeus y Europa. Esposo de Pasífae. Padre de Deucalión, Androgeo, Ariadna y Fedra entre otros. Soberano de Creta. En un laberinto diseñado por Dédalo, tenía encerrado al Minotauro. Hermano de Ramadantis y de Sarpedón. A su muerte, junto a Ramadantis y Éaco, ejerce de juez de los hombres en los Infiernos.

Midas convierte en oro a su hija después de tocarla.

MINOTAURO

Monstruo con cuerpo de hombre y cabeza de toro. Fruto de los amores entre Pasífae (esposa de Minos) y el Toro de Creta. Estaba encerrado en el laberinto que construyo Dédalo por orden de Minos. Fue muerto por Teseo.

MÍRTILO

Hijo de Hermes y Faetusa. Con su maldición provocó la desgracias que sobrevinieron a la descendencia de Pélope. Pélope soborno a Mírtilo con riquezas y la promesa de pasar una noche con Hipodamía, si le ayudaba a ganar la carrera a le que le había desafiado Enómao. Mírtilo que era el auriga de Enómao, cambio las clavijas metálicas del carro por unas de cera, lo que provocó el accidente de Enómao y posteriormente su muerte como consecuencia de la caída. Cuando Mírtilo exigió su recompensa fue asesinado por Pélope. Pero antes de morir maldijo a Pélope y a su futura estirpe. Otras versiones cuentan que Mítilo fue muerto por Pélope cuando el primero intentó violar a Hipodamía.

MOIRAS

Hijas de Zeus y Temis. Son tres: Cloto, la hilandera; Láquesis, la suerte y Átropo, la inflexible. Miden la vida de los seres humanos con un hilo que la primera hila, la segunda devana y la tercera corta cuando llega la muerte. Tanto los dioses como los hombres estan sometidos a ellas y solo Zeus puede retrasar, pero no impedir, los dictados de las Moiras.

Musas.

MOLIÓNIDES

Se denominan así a dos hermanos gemelos, hijos de Áctor y Molioné, aunque su padre divino es Poseidón. Ambos nacidos de un huevo de plata puesto por Molioné, según las versiones, aparecen como dos seres unidos por la cintura o como dos seres humanos independientes pero de fuerza prodigiosa. Casados con Teronice y Teréfone, hijas de Dexámeno. Son famosos sus enfrentamientos contra Néstor y Heracles. A este último lo vencieron en una ocasión, aunque luego murieron en sus manos, en Cleonas.

MORFEO

Hijo de Hipno —dios de los sueños—. Se muestra a los hombres en sueños.

MUSAS

Ninfas relacionadas con ríos y fuentes. Poseen virtudes proféticas e inspiran toda clase de actividades artísticas. Son nueve: Calíope, musa de la poesía épica; Clío, musa de la historia; Erarto, musa de la lírica coral; Euterpe, de la flauta, Melpómere, de la tragedia, Poliminia, de la pantomima, Talía, de la comedia, Terpsícore, de la danza, Urania, musa de la astronomía.

MUSEO

Hijo de Eumolpo. Contemporáneo de Orfeo. Era un gran músico capaz de curar con sus melodías, también se le atribuyen artes adivinatorias y la introducción en el Ática de los misterios de Eleusis.

NARCISO

Hermoso joven, hijo del río Cefiso y la ninfa Leiríope, enamorado de sí mismo. El adivino Tiresias vaticinó una larga vida a Narciso si no llegaba a ver su imagen. Némesis, cumpliendo la plegaria de un desdichado enamorado del joven dispuso que Narciso descubriera su rostro reflejado en el agua y se quedara prendado de su propia imagen. Desesperado por no poder alcanzar su imagen amada, pues se desvanecía justo al tocarla, murió de amor al borde del agua. Fue transformado en flor —el narciso— por los dioses. Relacionado con el mito de Eco.

NAUPLIO

Héroe viajero y gran navegante. Participó en la expedición de los Argonautas. Vendió como esclavas a las princesas Télefo, Aérope y Clímene, caídas en desgracia en sus países. Para vengar el asesinato de su hijo Palamedes, a manos de sus compañeros, durante la guerra de Troya recorrió los países de los caudillos ausentes, incitando a las esposas al adulterio. Además, cuando terminó la campaña contra Troya, encendió una hoguera que despistó a los navegantes y provocó hundimiento de muchos de los barcos griegos.

NAUSICA

Hija Alcínoo y Arete, soberanos feacios. Atenea, en sueños, inspira a la joven el deseo de ir al río, donde se encuentra con Odiseo (Ulises), que ha naufragado. Prendada del héroe, quiere casarse con él, pero Odiseo la rechaza para regresar a Ítaca. Cierto mito

Náyade en compañía
del dios fluvial.

relata la boda de Nausica con Telémaco, hijo de Odiseo, con el que habría engendrado a Persépolis.

NAXOS

Isla donde Teseo abandona a la princesa cretense Ariadna, después de haberlo ayudado a escapar del laberinto del Minotauro y lugar donde Dioniso encuentra a Ariadna y la toma por esposa.

NÁYADES

Hijas de Zeus. Ninfas de los ríos, arroyos y fuentes. Poseen facultades proféticas y curativas.

NÉCTAR

Bebida de los dioses que proporciona la inmortalidad. Esta sólo podía ser ingerida por los dioses. Tántalo, al darles a beber de esta libación divina a sus amigos mortales fue castigado por Zeus a no poder ingerir alimento alguno.

NÉFELE

Primera esposa de Atamante. Madre de Frixo, Hele y Macisto. Repudiada por Atamante para contraer segundas nupcias con Ino. Ino convenció a Atamante de ofrecer en sacrificio a Frixo y a Hele en honor a Zeus. En el momento de la ritual ofrenda, un vellocino alado los cargó en sus lomos llevándoselos a la Cólquide, donde el rey Eetes recibió a Frixo. Hele corrió peor suerte y cayó del carnero en el trayecto, ahogándose en el mar.

NELEO

Hijo de Tiro y Poseidón, hermano gemelo de Pelias. Fueron aban-

Némesis.

donados por su madre. Ya de adultos, se reencontraron con ella y la libraron de los malos tratos de que era objeto por parte de su suegra, Sidero. A la muerte de Creteo, rey de Yolco y esposo de Tiro, los gemelos arrebataron el trono al legitimo heredero, su hermanastro Esón. Después Neleo fue desterrado por Pelias. En Mesenia Neleo fundó la ciudad de Pilos y se casó con Cloris. Heracles dirigió una expedición contra él, para vengarse de que el rey se había negado a purificarlo en una ocasión.

NÉMESIS

Hija de la Noche. Diosa de la venganza y de la justicia divina. Una de las calamidades contra los mortales. Acosada por Zeus, se transformó en diversos animales para zafarse, hasta que, convertida en oca, finalmente fue seducida por Zeus transformado en ganso. De tal encuentro, resultó un huevo que fue confiado a Leda, del que salieron Helena y uno de los Dioscuros.

NEOPTÓLEMO

Hijo de Aquiles y Deidamía. También llamado Pirro, en referencia a la famosa cabellera rubia de su padre, su nombre, Neoptólemo, —*joven guerrero*—, indica la temprana edad con la que se unió al asedio de Troya. Calcante había augurado que los aqueos jamás lograrían tomar la ciudad sin la presencia del hijo de Aquiles entre sus filas. Guerrero valeroso, entró en la ciudad dentro del caballo de madera y mató a Príamo. Entre su botín de guerra se le adjudicó a

Nereida.

Andrómaca, viuda de Héctor, con la que tuvo a Moloso. Se desposó con Hérmione, anteriormente prometida a Orestes, a manos del cual perdió su vida.

NEPTUNO
Nombre romano de Poseidón. (Ver Poseidón.)

NEREIDAS
Hijas de Nereo y Doris o Dóride. Ninfas y divinidades de los mares. Protegen a los marineros. Los poetas las imaginaban bellísimas, tejiendo y cantando o meciéndose en las olas, con los cabellos al viento, nadando entre tritones y delfines.

NEREO
Hijo de Ponto y Gea. Es el anciano del mar. Consejero y benefactor de los marineros. Dotado de una gran sabiduría, goza del don profético y el de metamorfosearse en animales u objetos.

NÉSTOR
Hijo de Neleo y Cloris, soberanos de Pilos. Apolo le concedió vivir hasta una edad inusualmente avanzada. En su juventud, fue el único de sus hermanos que se libró de morir a manos de Heracles. Combatió contra el gigante Ereutalión, participó en la cacería de Calidón, en la expedición de los Argonautas y en la guerra de Troya, entre otras aventuras. Anciano venerable y sabio, se le presenta conciliador en las disputas.

NICTEO
Hijo de Ctonio y hermano de Lico.

Ninfas y sátiro de
William-Adolphe
Bouguereau (1873).

Ambos hermanos huyeron de Eubea después de haber dado muerte a Flegias. Un vez en Tebas, Nicteo tomó el cargo de regente, periodo en el que Zeus sedujo a Antíope, su hija, quien abandonaría Tebas temiendo la ira de su padre. Niceo se suicidó dejando a su hermano al cargo de vengar su vergüenza.

NIKÉ

Hija de Estigia y del titán Palante, diosa de la victoria. En la guerra contra los Titanes lucha al lado de Zeus. Frecuentemente se la representa con alas y sosteniendo una palma de guirnaldas en la mano. En la mitología romana, Victoria.

NINFAS

Hijas de Zeus. Bellas y alegres, personifican la fecundidad de la naturaleza y sus nombres varían según el lugar dónde habitan, por ejemplo, las Náyades son ninfas de los rios, las Hamadríades, de los árboles, las Oréades, ninfas de las montañas, etc. Aparecen en el cortejo de dioses como Artemisa, Dionisio o Pan.

NÍOBE

Hija de Tántalo —rey de Sípilo, en Lidia— y Dione. Hermana de Pélope y de Bróteas. Se desposó con Anfión, rey de Tebas. Juntos tuvieron siete hijos —Sípilo, Damasictón, Agenor, Eupínito, Ismeno, Fedimo y Tántalo— y siete hijas —Asticratía, Cleodoxa, Astíoque, Etodea, Ptía, Pelopia y Ogigia. Ofendió a Leto al declararse mejor que ella por tan solo haber engendrado a Artemisa y a Apolo. Vengando a su madre, Apolo hostigó a

Nix.

los varones con sus flechas y Artemisa a las doncellas, salvándose tan solo la joven Cloris. La leyenda narra que Níobe regresó a su tierra natal donde Zeus la tansformó en piedra y de esa roca surgía un manantial que eran sus lágrimas.

NISO

Hijo de Pandion y Pila. Con ayuda de sus hermanos reconquistó el Ática. La dividieron en cuatro partes y a él le tocó la ciudad de Nisa —más tarde llamada Mégara—. Se decía que mientras Niso conservase un mechón de pelo rojo que tenía, sería inmortal. Fue traicionado por su hija Escila, que al enamorarse de Minos, le cortó el mechón a su padre. Lo que provocó la muerte de este y la caída de la ciudad.

NIX

Era el hijo o la hija del titán Caos, según se considere, y la madre de las Parcas, de Hipnos, dios del sueño, y de Tánato, dios de la muerte, es decir, algunas de las deidades más perversas del mundo griego. Nix es representada coronada de adormideras, envuelta en un velo negro con estrellas y en actitud de recorrer los cielos, montada en un carro. Igual que a las Erinias y a las Parcas se le consagraban ovejas negras y también gallos porque su canto perturba la calma de las noches. También fue el padre y la madre de Gea. Variantes del nombre de dicho personaje: nyx, nicte, noche.

OCEÁNIDAS Y OCEÁNIDES

Hijos de Océano y Tetis. Ríos y Ninfas del mar, eran tres mil varones y tres mil hembras, según Hesíodo. Algunos de los Oceánidas son el Nilo, el Erídano, el Aqueloo, el Haliacmón, el Gránico, el Simunte, y el Escamandro, etc. Algunas de las Oceánides son Éstige, Asia, Pleíone, Electra, Dione, Perse, Pluto, Clímene, entre otras.

OCÉANO

Hijo de Gea y Urano, primogénito de los Titanes. Representa el agua que rodea al mundo. Divinidad de todas las aguas, con su hermana Tetis engendró a los Oceánidas, personificaciones de los ríos y a las Oceánides, personificaciones de arroyos, fuentes, etc. Es una de las fuerzas primitivas.

OCÍPETE

Nombre de una de las harpías.

ODISEA

Este nombre proviene del héroe griego Odiseo o Ulises en latín. Esta historia, escrita por Homero, fue el regreso a la isla de Ítaca de este héroe, que se le complicó por ignorar a los dioses —Poseidón le ayudó en la guerra de troya y este no lo aceptó quedándose él toda la gloria—. Hubo algunos que le ayudaron, como Atenea o Hermes. Durante su travesía se pueden destacar las historias del cíclope Polifemo, El dios Eolo, Las sirenas, entre otras.

ODISEO

Famoso héroe griego. Participa en la guerra de Troya, como vemos en la *Ilíada* y es el protagonista

Odiseo volviendo de la búsqueda de Aquiles. Detalle de una copa ática de figuras rojas, c. 480-470 a.C.

indiscutible de la *Odisea*, donde Homero nos relata el azaroso regreso a Itaca de Odiseo, una vez finalizada la guerra troyana. En Roma recibió el nombre de Ulises. Su esposa fue Penélope, que le aguardó junto a su hijo Telémaco en su casa durante muchos años.

OLÍMPICOS

Son los doce dioses pricipales que habitaban en el Olimpo. Estos eran: Zeus, Hera, Poseidón, Hades, Apolo, Artemisa, Afrodita, Ares, Atenea, Hefesto, Hermes y Dionisio.

OLIMPO

Monte donde habitan los dioses. Es el monte mas alto de Atenas.

ÓNFALE

Reina de Lidia. Heracles fue duran-te cierto tiempo esclavo de esta monarca. El héroe libró sus posesiones de monstruos y bandidos, y tuvo con ella varios hijos. Al liberarle, la soberana le colmó de regalos muy satisfecha de los servicios que Heracles le había prestado.

ORESTES

Hijo de Agamenón y Clitemestra. Con la ayuda de su hermana Electra, venga la muerte de su padre. Muerto a manos de su madre Clitemestra y de Egisto, el amante de ésta. Como consecuencia del asesinato, enloquece. Para librarse de la locura debe apoderarse de la imagen de Ártemis Tauropola, en Tauricide, donde su hermana Ifigenia es sacerdotisa. Ifigenia al reconocer a su hermano le ayuda a robar la imagen y huye con él.

Orión (izquierda) y
Artemis. Anverso
y reverso de una
medalla.

ORFEO

Hijo de Eagro y la musa Calíope.
Fue el mas famoso músico y poeta
de su tiempo. Se unió a los argonautas y venció con su música a
las sirenas, cuyo canto atraía a los
marineros haciendo que los barcos se estrellasen contra las rocas.
Más tarde se casó con Eurídice, la
noche de bodas, una serpiente picó
a Eurídice y murió. Orfeo desesperado, bajó a los infiernos para
recuperar a su esposa. Eurídice
podría regresar al mundo de los
vivos si seguía a su esposo en la
oscuridad y sin que él volviese su
mirada hacia ella, antes de llegar
a la luz. Como Orfeo se volvió a
mirarla antes de llegar a la luz,
perdió para siempre a Eurídice.

ORIÓN

Era un gigante cazador, de gran
belleza y prodigiosa fuerza. Pudo
ser hijo de Poseidón y Euríale, de
Hirieo o quizás de la Tierra. Poseidón le habría concedido el don
de andar sobre el agua.

ORTO

Nacido de Tifón y Equidna. Hermano de la hidra de Lerna, Cérbero y la Quimera. Con su madre
engedró la Esfinge. Es ser monstruoso, normalmente se le atribuyen dos cabezas. Guardaba los
rebaños de Geríones. Perro de dos
cabezas.

OTRIS

Monte donde se desarrolla la
Titanomaquia.

PACTOLO

Hijo de Leucótea y de Zeus. Durante unos misterios dedicados a Afrodita sedujo a Demódice sin darse cuenta de que era su propia hermana. Al descubrir lo ocurrido se lanzó al río Crisórroas —río de oro—. Tras lanzarse el nombre del río cambió por el de Pactolo. Padre de Eurianasa, la esposa de Tántalo y por lo tanto abuelo de Pélope.

PALADIÓN

También se le llama Palladio o Paladio. Era una estatua de Atenea protectora de Troya, aunque según Apolodoro, cuando Atenea mató accidentalmente a Palas, hija del dios Tritón, Atenea se entristeció por ella y fabricó una estatua semejante a Palas.

PALAMEDES

Hijo de Nauplio y Clímene. Discípulo del Centauro Quirón. Fue un valioso aliado para los griegos en la expedición contra Troya. Descubrió las tretas de Odiseo (Ulises) para no acudir a Troya y por ello Odiseo se vengó, matándole. Su muerte fue vengada por Nauplio.

PALANTE

Hijo de Pandion y Pila. Junto a sus hermanos Nico, Liso y Egeo expulsó a sus primos, del trono que habían arrebatado a su padre. Tuvo cincuenta hijos que fueron llamados los palantidas. Estos intentaron arrebatar a su tío Egeo de la parte del reino que le había correspondido. Todos murieron a manos de Teseo.

Pan.

PALANTE
Ver Palas.

PALÁNTIDAS
Son llamados así los cincuenta hijos de Palante que se unieron para arrebatar el trono de Atenas a su tío Egeo. Murieron a manos de Teseo, hijo de Egeo.

PALAS
Epíteto de Atenea. Es el nombre del gigante que según algunas tradiciones era su padre —también llamado Palante, al que aplastó con una roca cuando intentó violarla, le despellejó e hizo una coraza con su piel, la égida— o bien de una hermana, compañera u oponente a la que mató por accidente, anteponiendo su nombre al suyo propio como homenaje.
Titán alado con aspecto de macho cabrío. Hijo de Crío y de Euribia. Desposado con Éstige tuvo a Bía, Cratos, Nice y Zelo.

PALINURO
Fue el piloto de la nave de Eneas. Mientras pilotaba se quedó dormido y un golpe de viento lo arrojó al mar. Durante tres días se mantuvo a flote hasta que consiguió llegar a la costa de Lugania. Allí los lugareños le mataron y abandonaron su cuerpo sin darle sepultura. Cuando Eneas bajó a los infiernos encontró a Palinuro junto a los muertos, que al estar insepultos, no pueden acceder al Hades. La Sibila que iba con Eneas para guiarle a través del Hades, promete a Paliduro que en la tierra donde murió ocurrirán prodigios que obligaran a sus habitantes a enterrarle.

Pandora.

PAN

Dios de los pastores y los rebaños. Su cuerpo es mitad de hombre, mitad macho cabrío. Vive recorriendo campos y montañas. El gran apetito sexual es un rasgo distintivo de su personalidad. Pertenece a la corte de Dionisio.

PANACEA

Hija de Asclepio, dios de la medicina. Diosa que simboliza el remedio contra todos los males. Pertenece al séquito de su padre. Carece de leyendas propias.

PANDÁREO

La leyenda de Pandáreo cuenta como éste robó de un templo dedicado a Zeus en Creta un perro de oro. El perro era un regalo de Rea para Zeus, que cuando nació había colocado el perro junto a la cuna del dios para que lo protegiese. Pandáreo pidió a Tántalo que escondiera el perro y cuando Hermes reclamó el perro en nombre de Zeus, Tántalo juro que nunca lo había visto. Según otra versión fué Tántalo el ladrón y Pandáreo el perjuro.

PANDIÓN

Fue expulsado del trono Ateniense por sus sobrinos. Se trasladó a Mégara, donde llegó a ser rey por su boda con Pila.

PANDORA

Mujer creada por los dioses como castigo para los hombres. Poseía todas las gracias, fue entregada por esposa a Epimeteo. Este, tenía una caja donde su hermano Prometeo había encerrado a todos los males del mundo. Pandora, no pudien-

Menelao llevando el cuerpo de
Patroclo, copia de un original griego.

do vencer su curiosidad, abrió la caja y de ella salieron todos los males que se extendieron rápidamente, solo quedó encerrada en la caja la esperanza.

PARCAS

Las Parcas —Moiras griegas— eran tres divinidades que presidían el Destino humano: sus atributos eran el hilo y las tijeras con las que tejían y cortaban el hilo de la vida.

PARIS

Hijo de Príamo, rey de Troya y de su esposa Hécuba. Fue el juez en el juicio de Paris. Este juicio consistía en dictaminar a quien correspondía una manzana en la que rezaba, «para la mas bella» y que Hera, Atenea y Afrodita, se disputaban. Las tres diosas le hicieron promesas a cambio de declararlas las más bellas. Paris finalmente se inclinó por Afrodita, que le prometió la mujer más bella del mundo. Esta era Helena, esposa de Menelao. Así que Afrodita ayudó a Paris a raptar a Helena y de esta manera comenzó la guerra de Troya. Guerra, que culminó con la destrucción de Troya por parte de los aqueos. Así se cumplió el vaticinio, que pronosticaba la destrucción de Troya a manos de Paris.

PARNASO

Monte donde se posa el arca construida por Deucalión y Pirra al cesar el diluvio que Zeus les había mandado a los hombres.

PARTENOPEO

Hijo de Meleagro y Atalanta.

Pegaso.

Participó en las expediciones a Misia y a Tebas, en esta última murió.

PASÍFAE

Hija de Helio y Perséis. Esposa de Minos, rey de Creta. Es una habilidosa maga, igual que su hermana Circe y su sobrina Medea. Enamorada de un toro blanco, se unió a él con ayuda de Dédalo. De estos amores nació el Minotauro.

PATROCLO

Hijo de Menecio y Esténele. Compañero inseparable de Aquiles. Después de que Aquiles se negase a batallar ofendido por Agamenón, Patroclo le pide a Aquiles sus armas para que al confundirle los troyanos con el famoso héroe retrocedan con más facilidad. Envalentonado por el éxito, se enfrenta con el héroe troyano Héctor que lo mata. Aquiles regresa a la batalla para vengar a su amigo matando a Héctor.

PEGASO

Nació de la sangre derramada por Medusa al ser decapitada por Perseo. Caballo alado, que participa principalmente en las leyendas de Belerofontes.

PELASGO

Los griegos consideraban a los pelasgos los primeros pobladores de su tierra. En este sentido encontramos tradiciones relacionadas con un tal Pelasgo, que fue el primer hombre y que enseñó a los demás a hacer casas, fabricar ropa, etc.

PELEO

Hijo de Éaco, rey de los Mirmi-

Penélope.

dones y de Endéis, hija del centauro Quirón. Hermano de Telamón y hermanastro de Foco. Peleo y Telamón fueron expulsados por su padre por haber asesinado a Foco. Refugiado en Ftía, un pueblo situado en la Tesalia meridional, fue acogido por Euritión que le dio por esposa a su hija Antígona. Peleo interviene numerosas aventuras, como participar en la expedición de los argonautas o la cacería del jabalí de Calidón. Pero su fama sobre todo se la debe a ser el padre de Aquiles. Al morir Tetis se lo llevó con ella al fondo del mar.

PELIAS

Hijo de Poseidón y Tiro. Al nacer, su madre le abandonó junto a su hermano gemelo Neleo. Consiguieron los gemelos sobrevivir y al enterarse que su madre se había casado con el rey Creteo, acudieron junto a ella. Cuando Creteo murió, Pelias desterró a su hermano Neleo y arrebató el trono al legítimo heredero, su hermanastro Esón. Posteriormente envió a su sobrino Jasón a buscar el vellocino de oro y al creerle muerto, asesinó a Esón. Finalmente Pelias muere a manos de Medea.

PÉLOPE

Hijo de Tántalo. En su juventud fue inmolado por su padre para servirlo de comida a los dioses. Cuando éstos se dieron cuenta del festín que les servían se horrorizaron y resucitaron al muchacho. Se casó con Hipodamía con la que reinó en Pisa. Sus hijos más famosos son Atreo, Tiestes y Crisipo.

Penteo desgarrado
por Ino y Ágave
(parte inferior),
450-450 a. C., Louvre.

PELOPIA

Hija de Tiestes. Fue violada por su padre y fruto de esta agresión nació Egisto. Se casó con su tío Atreo. Tiestes se vengaría de su hermano Atreo a través de Egisto —fruto del incesto cometido con su hija—.

PELÓPIDAS

Denominación que reciben los descendientes de Pélope.

PENÉLOPE

Hija de Icario y de Peribea, es la esposa de Ulises y la madre de Telémaco. Cuando el héroe partió de Ítaca hacia la guerra troyana, ella esperó pacientemente su regreso siendo un ejemplo de fidelidad. Evadió las aspiraciones de sus numerosos pretendientes, prometiéndoles elegir uno el día que terminara de tejer una mortaja. Para posponer la decisión, se pasaba el día tejiendo y por la noche deshacía el trabajo realizado durante la jornada.

PENTEO

Hijo de Ágave y de Equión, fue rey de Tebas. Intentando oponerse a la instauración del culto a su primo Dionisio en Tebas, fue descuartizado por su propia madre que lo confundió con una fiera mientras estaba bajo los influjos del delirio orgiástico del ritual en el que participaba.

PENTESILEA

Amazona, hija de Ares y Otrera, que acudió a la guerra de Troya tras la muerte de Héctor, en ayuda de los troyanos, con la intención de matar a Aquiles. No debe con-

Perséfone.

fundirse con la que mató Heracles. Junto a doce amazonas más luchó durante un día, matando a gran cantidad de aqueos, hasta que se encontró con Ayax y Aquiles, a los que retó. Ayax la ignoró y Aquiles la mató con la lanza. Una vez muerta, Aquiles quedó prendado de su belleza, permitiendo a los troyanos llevársela con sus armas. Se le atribuye un hijo, Caistro.

PERSÉFONE

Hija de Zeus y Deméter. Diosa de los Infiernos. Fue raptada por su tío Hades para hacerla su esposa. Deméter furiosa lanzó una maldición sobre la Tierra, impidiendo que nada naciese de ella, hasta que no apareciese Perséfone. Del Hades no se podía regresar si habías probado la comida de los muertos. Como Perséfone cedió a la tenta-ción de probar un grano de una granada, ya no podía regresar. Tanto fue el descontento de Deméter, que para aplacarla, Zeus decidió que Perséfone pasara un tercio del año en el Hades y el resto en el mundo de los vivos. Mató a golpes a la ninfa Mente por ser amante de su marido, de los restos de aquella infortunada surgió la planta de la menta.

PERSEIS

Hija de Océano y Tetis. Protectora de la juventud. Con Helio tuvo a Eetes, a Perses, a Circe, a Pasífae y a Calipso.

PERIBEA

Esposa de Pólibo. Soberanos de Corinto. Son los padres adoptivos de Edipo.

Perseo y
Andrómeda.

PERSEO

Hijo de Zeus y Dánae. Con ayuda de tres objetos mágicos —unas sandalias voladoras, un casco que lo hacía invisible y un zurrón donde guardar la cabeza de la Medusa— Perseo logró cercenar la cabeza del engendro y escapar de la ira de sus hermanas, las Górgonas. Cuando regresaba a su tierra, liberó a Andrómeda —atada a una piedra, esperando ser sacrificada a un monstruo marino—. Petrificando con la cabeza de la Medusa a los que le perseguían, huyó con la joven que había salvado. Los objetos mágicos fueron devueltos a las ninfas y la cabeza de Medusa se la entregó a Atenea, que la colocó en su escudo como defensa.

PERSES

Hijo de Perseo y Andrómeda. Héroe epónimo de los persas.
Hijo del el Titán Crío y de Euribia. Junto con Asteria fue padre de la diosa Hécate.

PIGMALIÓN

Rey y escultor nacido en Chipre. Modeló una mujer tan bella que se enamoró de ella. A petición de Pigmalión, Afrodita escuchó su súplica dando vida a la imagen y así nació Galatea. De los amores de Pigmalión y Galatea nació Pafo. Otro personaje se nos presenta como rey de Tiro, hermano de Dido. Para apoderarse de las riquezas del esposo de Dido, Pigmalión lo asesinó. Dido huyó de Tiro con su hermana Ana. Llegó a Libia donde fundó Cártago y se erigió reina de la ciudad.

Fresco de Píramo y
Tisbe, Pompeya.

PÍLADES

Hijo de Estrofio y Anaxibia, hermana de Agamenón y Menelao. Después de que Orestes huyera de Micenas, en la ciudad de Crisa los primos Pílades y Orestes se criaron juntos. Por su amistad, Pílades ayudó a Orestes a vengar a su padre, lo acompañó a Taúride para curar su locura y se casó con Electra, con la que tuvo a Medonte y a Estrofio.

PÍRAMO

Píramo y Tisbe eran unos enamorados que vivían en casas contiguas, pero sus padres no consentían su relación. Por lo que se encontraban a escondidas. Entre las dos casas había una rendija en la pared y a través de ella los amantes se comunicaban. En cierta ocasión se citaron en las afueras de la ciudad al pie del sepulcro de Nino. Tisbe fue la primera en llegar, de repente apareció una leona para beber en una fuente cercana. Tisbe huyó y en su marcha perdió un velo. La leona jugueteó con el velo manchándolo de sangre de una víctima reciente. Más tarde llegó Píramo, reconoció el velo ensangrentado y pensando que su amada había sido devorada, se atravesó con su propia espada incapaz de vivir sin ella. Tisbe regresó al lugar de la cita y encuentró el cadáver de Píramo. Decidida a no vivir sin él, arrancó la espada del cuerpo de Píramo y se la clavó. La sangre derramada de los jóvenes salpicó los frutos de una morera cercana, desde entonces las moras —que eran blancas— son de color rojo oscuro. Los padres arrepentidos de su oposi-

Pirra y Deucalión tirando piedras por encima de sus hombros, de las que nacen hombres y mujeres.

ción guardaron las cenizas de los dos en una sola urna.

PIRENEO

Rey de Daúlide. Cierto día cuando las musas se dirigían al Helicón fueron sorprendidas por una tormenta. Pireneo las invitó a resguardarse de ella, pero aprovechándose de la hospitalidad que les había ofrecido intentó violarlas. Las musas salieron volando y al intentar alcanzarlas Pireneo se precipitó al vacío desde sus almenas y murió.

PIRITOO

Héroe tesalio y rey de los lapitas. Inseparable amigo de Teseo. Participó en la cacería de Calidón. Se casó con Hipodamía, participando en la batalla que se desencadenó, en la ceremonia, entre los lapitas y los centauros. Junto a su amigo Teseo raptó a Helena y posteriormente ambos intentaron raptar a Perséfone. Como castigo por este intento fallido, Piritoo no pudo regresar del Hades.

PIRRA

Hija de Epimeteo y Pandora. Fue la madre del linaje humano junto a su esposo Deucalión, hijo de Prometeo. Escapó con Deucalión del diluvio que Zeus había enviado para castigar a los humanos. Cuando el diluvio cesó, un oráculo les aconsejó que arrojasen los huesos de su madre por encima del hombro. El matrimonio supuso que se refería a Gea, por lo que empezaron a tirar piedras por encima de sus hombros. De las que tiraba Pirra, nacían mujeres y de las que tiraba Deucalión, hombres.

Las Pléyades, por el pintor simbolista Elihu Vedder (1885).

PITEO
Hijo de Pélope e Hipodamía. Rey de Trecén. Poseedor de gran sabiduría y dotes adivinatorias. En base a estos conocimientos, descifró el oráculo de Egeo y lo unió a su hija Etra. De esta unión nació el héroe Teseo.

PITIA
Así se denominaba a la sacerdotisa que transmitía los oráculos del dios Apolo en Delfos.

PITÓN
Hija de Gea. Monstruosa serpiente que asolaba la Fócide devorando a hombres y animales. Ocupaba el oráculo de Delfos hasta que Apolo la mató para instalarse en él. En recuerdo a su hazaña Apolo creó los Juegos Píticos y llamó Pitia —pitonisa— a la sacerdotisa que transmitía sus oráculos.

PLATEA
Lugar donde Edipo, hijo de Layo y Yocasta, soberanos de Tebas, le abandonaron al nacer para evitar el presagio según el cual Edipo mataría a su padre.

PLÉYADES
Hijas de Atlante —Atlas— y Pléyone —hija de Océano—. Son siete, seis visibles y una invisible. Las siete hijas de Atlas y de Pléyone, la hija de Océano. Sus nombres son Electra, Maya, Taigete, Alcíone, Celeno, Astérope y Mérope. Según algunas versiones del mito, se suicidaron por la pena que les produjo el destino de su padre, Atlas, o por la muerte de sus hermanas, las híades. Otras

Plutón.

versiones las hacen servidoras de Ártemis, diosa de la fauna y de la caza. Las perseguía el gigante cazador Orión, pero los dioses consiguieron rescatarlas y las transformaron en palomas. Después de su muerte o metamorfosis fueron transformadas en estrellas, pero aún las sigue persiguiendo por el cielo la constelación Orión.

Según numerosos autores, hay una de las siete Pléyades que dejó de brillar, pero se discute quien es —podría ser Mérope, avergonzada por ser la única de las Pléyades que se casó con un mortal (Sísifo), mientras que sus hermanas tuvieron relaciones amorosas con dioses—. También podría ser Electra, que dejó de brillar para no ver la ruina de Troya y por tanto la de los descendientes de su hijo Dárdano.

PLUTO

Hijo de Deméter y de Yasión. Nació en Creta. En principio pertenecía al cortejo de Deméter y Perséfone. Posteriormente se convirtió en la personificación de la riqueza, pues su nombre significa «el rico», separándose de los cultos a las dos diosas. Tras la obra de Aristófanes *Pluto*, se le considera ciego pues beneficia tanto a buenos como a malos.

Hija de Cronos, con Zeus fue la madre de Tántalo.

PLUTÓN

Dios romano referente al dios griego Hades.

PODALIRIO

Hijo de el dios de la medicina Asclepio. Excelente médico especializado en medicina general. Fue pretendiente de Helena y participó en expedición contra Troya. Además de combatir con valentía, también actuó como médico. Entre sus pacientes más famosos se encuentran Acamante, Epeo y sobre todo Filoctetes. Una vez terminada la guerra, fue a Caria con los adivinos Anfíloco y Calcante. Allí fundó la ciudad de Sirno tras casarse con hija del rey del lugar, a la que curó de una caída.

PODARCES

Hijo de Ificlo y hermano menor de Protesilao.

En la *Ilíada* se indica que Podarces y Protesilao habían sido pretendientes de Helena y, por lo tanto, habían jurado defender los derechos matrimoniales de Menelao, su esposo. Cuando Helena fue raptada por Paris, ambos herma-nos partieron rumbo a Troya con cuarenta naves tesalias.

Después de que Protesilao muriera, Podarces asumió el mando de las tropas filacias en la Guerra de Troya. Según las Posthoméricas de Quinto de Esmirna, Podarces fue muerto por Pentesilea, la reina de las amazonas.

PODARGA

Según Homero, nombre de una de las harpías, la cual concibió de Céfiro a Janto y Balio, caballos de Aquiles.

También se le atribuye la maternidad de los dos caballos de Diomedes, Flógeo y Hárpago.

POLIBO

Soberano de Corinto. Junto a su esposa Peribea adoptó a Edipo nombrándolo su heredero por

Profundo dolor tiene Zeus. Ha dado muerte
Patroclo a Sarpedón; y ahora se abalanzan
el hijo de Menecio y los aqueos a arrebatar
el cuerpo y ultrajarlo

Pero esto no agrada en absoluto a Zeus.
A su hijo amado —al que dejó
morir: tal era la ley—
al menos muerto lo honrará.
[...]

LAS EXEQUIAS DE SARPEDÓN
[Fragmento]
CONSTANTINO P. KAVAFIS

carecer estos monarcas de descendencia propia. Se conoce a otro monarca con este nombre que reinó en Tebas y acogió a Menelao y a Helena cuando estos pasaron por su reino.

POLIDECTES

Hijo de Magnes, soberano de Sérifos y una náyade, hermano de Dictis. Se enamoró de Dánae, la madre de Perseo. Como fue rechazado y su hijo la protegía, ideó una trampa para alejar a Perseo. Por su causa Perseo fue en busca de la cabeza de la Medusa. En la ausencia del héroe intentó violentar a Dánae.

POLIDORO

Hijo de Príamo y Hécuba, soberanos de Troya. (Su madre era Laótoe según Homero.) Debido a la corta edad de Polidoro, en vez de luchar en la guerra de Troya, el muchacho fue enviado con su cuñado Polimestor, para ponerlo a salvo. Polimestor, codiciando los tesoros que sus suegros habían entregado al niño, lo mató y arrojó su cadáver al mar. El cadáver llegó a las costas de Troya donde fue reconocido. Hécuba, sospechando lo sucedido, mató a dos hijos de Polimestor y a él le dejó ciego. Otra versión cambia el final del mito, relatando que Polimestor mató y enterró a Polidoro en cierto lugar de Tracia. A este lugar llegó Eneas con la intención de fundar una ciudad para los vencidos troyanos. Cuando Eneas cortaba un tronco, éste empezó a sangrar. La voz de Polidoro surgió y rebeló a Eneas cual había sido su suerte y que allí estaba su tumba.

Polifemo cegado
por Ulises.

Después le recomendó que fundase la ciudad en otro sitio, porque aquel estaba maldito.

En la guerra de Troya, según la Ilíada, Príamo no le dejaba entrar en batalla por su corta edad, pero él confiaba en su velocidad , puesto que nadie le vencía en carrera. Pero fue traspasado por la lanza de Aquiles, lo que motivó la ira de Héctor.

POLIFEMO

Cíclope hijo de Poseidón y de la ninfa Toosa. Era un gigante, de burdas maneras y un solo ojo situado en la frente. Se dedicaba al pastoreo. Durante el retorno de Odiseo (Ulises) a Ítaca, se encuentra con Polifemo al que ciega su único ojo. Aparece en otro mito enamorado de la nereida Galatea.

PLOIIDO

Descendiente del adivino Melampo. Poliido es un célebre adivino corintio. Resucitó a Glauco, el hijo del rey Minos; curó la locura del rey de Misia, Taumante; purificó al rey megarense Alcátoo; aconsejó a Belerofontes la captura de Pegaso. Con su esposa Euridamía engendró a Eugenor y a Clito, que participaron en la expedición de los Epígonos y en la guerra de Troya.

POLIMNIA

Una de las nueve divinidades que presidieron las nueves artes de las que era dios Apolo. Sus artes son la pantomina y la armonía. Su atributo es el cetro.

POLINICES

Hijo de Edipo y de Yocasta, sobe-

Polimnia.

ranos de Tebas. Organizó la expedición de Los siete contra Tebas para recuperar el trono que su hermano Eteocles se negaba a devolverle al final de su año de reinado —ya que ambos habían hecho un pacto para reinar en Tebas un año cada uno—. En la ofensiva a Tebas los dos hermanos murieron, uno a manos del otro.

POLITES
Hijo de Príamo y Hécuba, soberanos de Troya. Era un gran corredor, por lo que durante la guerra troyana ejerció principalmente funciones de explorador. Aunque también aparece en algunos episodios de lucha. Neoptólemo, cometió el sacrilegio de matarlo en un templo, ante la mirada de Príamo.

POLÍXENA
La más joven de las hijas de Príamo y Hécuba, soberanos de Troya. Su leyenda se compone de innumerables variantes, siempre relacionadas con el valiente y hermoso Aquiles. En una de ellas, el héroe muere a manos de Paris, que le acechaba durante una entrevista del este con Políxena. En esta versión, Aquiles habría ofrecido a los troyanos cambiar de bando, si le concedían la mano de Políxena.

PÓLUX
Ver dioscuros.

PONTO
Personificación del mar. En la teogonía griega es uno de los elementos primordiales. Hijo de Gea y Urano.

Poseidón con
su tridente.

POSEIDÓN

Hijo de Cronos y Rea. Dios del mar. Es uno de los más importantes dioses Olímpicos. Casado con Anfítitre. Vivía en un palacio marino. Como otras deleidades marinas tenia el poder de metamorfearse. Entre su numerosa prole encontramos monstruos, hombres y héroes. Se le representa desnudo, subido en un carro al que acompaña un pez y llevando un tridente.

PRETO

Hijo de Abante y de Aglaya. Hermano gemelo de Acrisio. Tras un enfrentamiento por la herencia de sus padres, dividieron el reino quedándose Acrisio con Argos y Preto con Tirinto. Cuando el héroe Belerofontes pasó por Tirinto, fue acusado falsamente por la reina Estenebea de intentar seducirla. Para vengar el honor de su esposa, Preto envió al héroe a la corte de su suegro, con instrucciones para que fuera eliminado. Su suegro, Yóbates, encargó a Belerofontes que matase a la Quimera, seguro de que el héroe moriría en el intento. Con Estenebea tuvo un varón llamado Megapentes y tres hijas, que fueron denominadas Prétides. Megapentes y Perseo intercambiaron sus tronos, reinando el primero en Argos y el segundo en Tirinto.

PRÍAMO

Hijo de los reyes de Troya Laomedonte y de Leucipe. Cuando Heracles tomó Troya dio muerte a sus soberanos y todos sus descendientes con excepción de Hesíone y Podarces. Hesíone le

Príapo.

fue dada en matrimonio a Telamón, amigo de Heracles. La muchacha, como regalo de bodas, pidió a su hermano cautivo. Y de esa manera Podarces cambió de nombre para llamarse Príamo, que significa comprado mediante rescate. Heracles puso a Príamo al frente de su Troya natal. Se casó con Hécabe, se cree que tuvo cincuenta hijos y cincuenta hijas. Es famoso por ser el soberano de Troya en la contienda que la ciudad sostuvo con los aqueos debido al rapto de Helena. Murió a manos de Neoptólemo, hijo de Aquiles, cuando los aqueos tomaron la ciudad.

PRIÁMIDAS
Son los hijos que el rey Príamo de Troya tuvo con Hécuba. Entre ellos destacan Hector, Héleno, Alejandro (Paris), Antínoo, Agatón, Méstor, Ascanio, Casandra y Creúsa.

PRÍAPO
Dios rústico de la fecundidad, guardián de los jardines. Hijo de Afrodita y Zeus (según algunas versiones de Dionisio). Más fácil parece ser del primero, ya que poseía un enorme miembro viril siempre erecto, deformidad (según se mire) producida por la rencorosa Hera.

Junto con Sileno forma parte del alegre cortejo de Dionisio.

PROCRIS
Hija de Erecteo, rey de Atenas y Praxítea. Estaba casada con Céfalo, pero al sorprenderla su marido siéndole infiel, huyó a Creta. Fue amante de Minos, después de librarle de los hechizos a los que

Prometeo.

le había sometido Pasífae. Temerosa de la venganza de Pasífae, regresa a Atenas donde se reconcilia con su esposo. Pero un día mientras Céfalo caza, la confunde con un animal y la mata.

PROMETEO

Hijo del titán Jápeto y la oceánide Clímene. Benefactor de la humanidad. Prometeo crea a los hombres modelándoles con arcilla. Después les enseña a quedarse con lo mejor de los sacrificios a los dioses y roba el fuego sagrado del Olimpo, para entregárselo a los hombres. Ayuda a su hijo Deucalión a construir un arca que salve a los humanos, del diluvio enviado por Zeus para destruirlos. Zeus irritado con Prometeo por su apoyo a los hombres, le encadena a un monte, donde un águila todos los días le roía el hígado. Por la noche el hígado se regeneraba y al día siguiente, el tormento comenzaba otra vez. Fue liberado por Heracles.

PROTEO

Proteo es un dios similar a Nereo. Es una divinidad marina oracular que tiene la capacidad de metamorfosearse. Cuida el rebaño de focas de Poseidón y acompaña a este dios en su cortejo. Vive en la isla de Faros, en la desembocadura del Nilo. Otra versión, en la que Helena nunca llega a Troya, hace de Proteo el rey de Menfis, en cuyo palacio se encuenta Helena hasta que su esposo la reclama.

PROSERPINA

Nombre romano de la diosa perséfone.

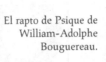

El rapto de Psique de
William-Adolphe
Bouguereau.

PSIQUE

Joven de gran belleza. Afrodita, ofendida por la hermosura de la muchacha, que todo el mundo comparaba con la de la diosa, envió a su hijo Eros para hostigarla. Pero Eros se enamoró de la chica y la llevó a un palacio donde la visitaba por la noches sin revelarla nunca su identidad. Influida por sus envidiosas hermanas, una noche Psique espió el rostro de su amante, éste al verse descubierto la abandonó. A partir de entonces vagó por la tierra buscando a su amado atormentada por la celosa Afrodita. Finalmente Zeus permitió a Eros casarse con ella.

QUIMERA

Hija de Tifón y Equidna. Monstruo con cabeza de león, cuerpo de cabra y parte trasera de serpiente. Vomitaba fuego. Murió a manos del héroe Belerofontes con ayuda del caballo alado Pegaso. Belerofontes, introdujo en la boca de la Quimera un trozo de plomo, que con las llamas que ésta lanzaba, se derritió, abrasándole las entrañas.

QUIRÓN

Hijo de Cronos y la oceánida Fílira. Es el más ilustre de los centauros. Celebre por su sabiduría. Adiestró en numerosas artes a los más famosos héroes griegos. Quirón era inmortal, pero herido de forma incurable por una de las flechas envenenadas de Heracles, cedió su inmortalidad a Prometeo.

RADAMANTIS

Hijo de Zeus y Europa. Hermano de Minos y de Sarpedón. Tras proclamarse Minos rey de Creta, Radamantis fue designado por Poseidón juez de la isla. Fue tan acertado el código que desarrolló, que le fue entregado el gobierno de las isla Cíclades para evitar que los cretenses lo prefirieran en el trono. Una de las tradiciones lo hace esposo de Alcmena, al final de su vida. En el Hades ejerce de juez de los muertos junto a Minos y a Éaco.

REA

Hija de Urano y Gea. Titánide, casada con su hermano Cronos. De ellos nace la primera generación de los Olímpicos. Estos son: Hestia, Deméter, Hera, Hades, Poseidón y Zeus. A Zeus lo salva de la voracidad de su padre escondiéndolo y dándole a Cronos una piedra en su lugar.

RECO

Reco descubrió una encina viejísima a punto de caer. Ordenó a sus sirvientes que la apuntalasen y las Hamadrídes que la habitaban, agradadecidas, le ofrecieron una recompensa. Él pidió que le concedieran sus favores, ellas accedieron con la condición de que les fuera fiel. Quedaron que se comunicarían con él a través de una abeja. Cierto día en el que Reco jugaba al ajedrez recibió de malas maneras a la abeja, por lo que el insecto le picó en los ojos y le dejó ciego. Otras versiones cuentan que el motivo del castigo fue una infidelidad de Reco.

Roca de la Sibila de Delfos.

RESO

Héroe tracio que se unió a los troyanos en el décimo año de asedio a la ciudad. Poseía unos caballos blancos y veloces. Por Dolón, los griegos se enteraron que según un oráculo si los caballos bebían del río Escamandro, Reso sería invencible y Troya inexpugnable. Odiseo (Ulises) y Diomedes atacaron por sorpresa el campamento tracio, mataron a Reso y robaron sus caballos.

ROCA DE LA SIBILA (DELFOS)

Roca sobre la que la pitonisa de Delfos recita los oráculos que le transmite Apolo.

SACRIFICIOS

Eran fundamentalmente convivales y podían ser de dos tipos: Incruentos (sin derramamiento de sangre) que consistían normalmente en ofrecer a los dioses productos del campo: granos de maíz, cebada... o en una libación —acto de derramar sobre el suelo un líquido, como vino, miel, leche—.

Cruentos (con sangre), en los que se inmolaban para los dioses favorables animales de tez blanca, domésticos y comestibles —bueyes, cabras, ovejas, gallinas— y para los dioses infernales, animales de color negro. También debían cumplir otros requisitos: que fueran animales sanos y sin defectos, que fueran purificados previamente, y que fueran hembras para las diosas y machos para los dioses. Los sacrificios de animales para los dioses celestiales eran los más habituales, pues en ellos la víctima se descuartizaba, se quemaban sus huesos envueltos en grasa —cuyo humo iba destinado a los dioses—, y la carne se asaba en el fuego y se repartía entre los asistentes.

SALMONEO

Hijo de Éolo y Enareta, soberanos de Tesalia. Le arrebató el trono a su hermano Sísifo. Pero tras una treta de éste, Salmoneo se vio obligado a emigrar a Élide, donde fundó la ciudad de Salmone. Se casó en primeras nupcias con Alcíde con la que tuvo a Tiro, su segunda esposa fue Sidero. Quiso equipararse a Zeus, con unos calderos y unas antorchas imitaba los rayos y los truenos del dios. Por ello Zeus le fulminó con un rayo, que también incendió la ciudad.

Profundo dolor tiene Zeus. Ha dado muerte
Patroclo a Sarpedón; y ahora se abalanzan
el hijo de Menecio y los aqueos a arrebatar
el cuerpo y ultrajarlo

Pero esto no agrada en absoluto a Zeus.
A su hijo amado —al que dejó
morir: tal era la ley—
al menos muerto lo honrará.
[...]

LAS EXEQUIAS DE SARPEDÓN
[Fragmento]
CONSTANTINO P. KAVAFIS

SARPEDÓN

Hijo de Zeus y Laodamía —hija de Belerofonte—. Héroe que combatió al frente de las tropas licias como aliado de los troyanos. Entre otros, dio muerte a Tlepólemo, líder de las tropas de Rodas. Rompió la muralla construida por los aqueos en violento combate y fue muerto por Patroclo. En relación a otro Sarpedón, hijo de Zeus y Europa, y por tanto, hermano de Minos y Radamantis, Apolodoro los identifica como equivalentes, pero puesto que cronológicamente su presencia en la guerra de Troya parece irreconciliable, Diodoro de Sicilia insinúa que el hijo de Laodamía sería nieto del hijo de Europa.

SÁTIROS

Semidioses, se les encuentra en bosques y montañas. Acompañan a Dionisos en su cortejo. Son mitad hombres, mitad cabras y tienen cola de caballo. Poseen un desmedido apetito sexual.

SELENE

Hija de Hiperión y Tía. Hermana de Helio, el sol y de Eos, la aurora. Personificación de la Luna.
Hay otras versiones del mito de Selene y Endimión. Cuando el pastorcillo, que era el oficio de éste, se entera del amor de la diosa, se convierte en un mortal engreído, al grado de ofender a los dioses, por lo que Zeus lo castiga con el sueño eterno. Selene pide el cuerpo para resguardarlo. Cuando hay luna llena es porque la diosa se siente feliz, cuando la Luna mengua es porque entristeze por la suerte de Endimión.

Sileno ebrio (Museo del Louvre). Detalle de la cabeza, en la que se puede apreciar la exagerada fealdad con que era representado este dios menor.

SÉMELE

Hija de Cadmo, rey de Tebas y Harmonía. Madre de Dionisio. Murió fulminada por un rayo al presentarse su amante, Zeus, ante ella con todo su esplendor. Más tarde Dionisio la sacó del Hades y la llevó consigo al Olimpo bajo el nombre de Tione.

SÉRIFOS

Lugar donde arriban Perseo y su madre Dánae, dentro de un arca en la que les había encerrado el padre de ésta y lanzado al mar. La razón de tal desatino era que muriesen para evitar un vaticinio que predecía su muerte a manos de su propio nieto. Dánae y Perseo se instalan en Sérifos, reinando Polidectes, el que envía a Perseo a por la cabeza de Medusa.

SIBILA

Nombre de una sacerdotisa encargada de transmitir los oráculos de Apolo. Más tarde el nombre se hizo extensivo a las sacerdotisas que pronosticaban el futuro.

SILENO

Dios de las fuentes y manantiales, hijo de Pan y padre de los sátiros. Divinidad tosca y festiva, se le representaba como un viejo barrigón y siempre tambaleante por los efectos del vino montado en un asno, a veces con pezuñas, cola y orejas de caballo. Constante del cortejo de Dioniso. Una vez se perdió del alegre cortejo y fue capturado por unos campesinos que le condujeron ante el Rey Midas. Éste, conociendo su identidad, lo agasajó y posteriormente lo entregó a Dioniso, quien a petición de

Sirena.

Midas como recompensa por su acción, le concedió el poder de convertir en oro todo lo que tocase, con funestas consecuencias.

SILEO
Hijo de Poseidón. Sileo poseía unas viñas en Tesalia en las que obligaba a trabajar a los extranjeros que cruzaban su territorio, matándolos al terminar. Cuando Heracles pasó cerca de sus tierras y Sileo intentó que las trabajara, el héroe arrancó las vides y le mató con un golpe de azada.

SINÓN
Hijo de Ésimo, nieto de Autólico y primo de Odiseo (Ulises).

SIRENAS
Hijas del dios Aqueloo y de una musa. De cintura para arriba poseían cuerpo de mujer, de cintura para abajo, cuerpo de ave. Tenían una maravillosa voz con la que compitieron contra las musas. Las ultimas ganaron y les arrancaron las plumas a las sirenas. Las sirenas, avergonzadas, se retiraron a las costas sicilianas. Con su canto atraían a los marineros, que sin poder sustraerse a su encanto se estrellaban contra las rocas.

SIRINGE
Ninfa que habitaba en los montes de Arcadia. Había hecho voto de castidad en honor a Artemisa. Pan enamorado de ella, intentó hacerla suya, pero ella huyó hasta que se vio cercada por el rió Landón. Entonces pidió ayuda a las náyades, que la transformaron en caña. Cuando Pan escuchó el sonido del viento a través de las cañas pensó

Sísifo, con su
piedra, Ixión
y Tántalo.

que era la voz de su amada y quiso inmortalizarla en un instrumento musical al que puso el nombre de la ninfa.

SÍSIFO

Hijo de Eolo y Enáreta. Hombre de gran astucia, odiado por hombres y dioses por su ingenio. Sus leyendas son muchas, no terminando éstas ni con su muerte. Porque Sísifo logra entre sus hazañas encadenar a Tánato y regresar del Hades al mundo de los vivos. Zeus lo condenó a subir una gran piedra hasta la cima de una montaña sin cesar.

TALÍA

Una de las nueve divinidades que presidieron las nueves artes de las que era dios Apolo. Su arte es la comedia. Sus atributos son el bastón de Hércules y la máscara cómica.

También se la menciona como una de las Gracias, hija de Zeus y Eurínome, en este caso, junto con sus hermanas preside la vegetación.

Homero cita una Talía entre las nereidas, hija de Nereo y Dóride.

TÁNATO

Hijo de la Noche, hermano gemelo del Sueño. Es la personificación de la muerte o su mensajero, que anuncia la llegada de la muerte. Se le representa como un joven con alas, una espada al costado y las piernas cruzadas.

TÁNTALO

Hijo de Zeus y de Pluto. Reinaba en el monte Sípilo. A pesar de ser amigo de los dioses traicionó su confianza robándoles el néctar y la ambrosía. Pero su delito más grave fue inmolar a su propio hijo y dárselo de comer a los dioses para probar la sabiduría de estos. Por estos delitos fue castigado a permanecer eternamente en el Tártaro padeciendo hambre y sed.

TÁRTARO

Es la región mas profunda del mundo, situada debajo del Hades, pero a gran distancia de él. Lugar rodeado por una muralla triple y una torre, con una puerta inexpugnable hasta para los dioses. Aquí envían los dioses a aquellos que los ofenden. En el Tártaro moran los Titanes, donde los arro-

Heracles
y Telamón.
Amfora del
550 a. C.

jaron los Olímpicos, tras vencerlos en la Titanomaquia. Este lugar es temido hasta por los dioses Olímpicos.

TEBAS

Capital de Beocia y la ciudad más famosa de todas las ciudades de la mitología griega, fue fundada por el héroe Cadmo. En su honor, se le dio el nombre de Cadmea a la ciudadela que se construyó en ella. Más tarde Zeto y Anfión edificaron una nueva muralla: el primero transportaba las piedras, mientras que el segundo tocaba la lira con tal habilidad que encantaba los materiales de construcción que se disponían por sí solos, según indicaban los planos. La leyendas cuentan que Dioniso y Heracles nacieron en esta ciudad. Sin embargo, los poetas trágicos fueron quienes más la evocaron al tratar las desgracias y el triste sino del rey Layo, Yocasta, Edipo, y sus hijos. Más tarde la ciudad se convirtió en el lugar donde transcurrieron dos grandes epopeyas y que rematan el ciclo de mitos tebano: la de los Siete con Tebas y la de los Epígonos.

TELAMÓN

Hijo de Éaco y de Endéis, hermano de Peleo. Ambos hermanos fueron desterrados de Egina, acusados del asesinato de su hermano Foco. Heredó el reino de Salamina al casarse con Glauce. Al enviudar se casó con Peribea, hija del rey de Mégara, con ella tuvo al Gran Áyax. También se desposó con He-síone tras la toma de Troya por Heracles, participó en la cacería de Calidón y en el viaje de los argonautas.

Telémaco.

TÉLEFO

Hijo de Heracles y Auge, princesa de Tegea. Para evitar un oráculo, en el que el hijo de Auge traería la desgracia, la muchacha fue consagrada a Atenea. Al descubrirse su embarazo, fue expulsada de Tegea y separada de su hijo. Más tarde, ambos se reúnen y establecen en Misia. Durante el viaje de los griegos hacia Troya, Télefo defiende valientemente Misia. En el combate es herido por Aquiles. Años más tarde, Télefo es curado de esta herida a cambio de indicar a los griegos el camino hacia Troya.

TELÉGONO

Hijo de Odiseo y de la maga Circe. Engendrado durante la estancia de Odiseo en la isla de Circe. Fue a buscar a su padre a Ítaca y fue sorprendido por el propio Odiseo intentando robar ganado. En el enfrentamiento entre ambos, Telégono mató a su padre, y al saber quién era el finado, llevó el cadáver a Penélope y a su hermanastro Telémaco a las posesiones de Circe. Una vez en la isla de Eea, Telégono se casó con Penélope y Telémaco con Circe. Con Penélope tuvo a Ítalo, héroe epónimo de Italia.

TELÉMACO

Hijo de Odiseo (Ulises) y Penélope, soberanos de Ítaca. En ausencia de su padre fue educado por Mentor. Trató de enfrentarse a los pretendientes de su madre. Emprendió un viaje buscando noticias de su padre. Cuando Odiseo regresa a Ítaca, combaten juntos a los pretendientes de Penélope.

Temis del Templo
de Némesis en
Ramnonte (Ática),
esculpida por
Cairestratos, 300 a. C.

TEMIS

Hija de Urano y Gea. Es una de las seis titánides y la segunda esposa de Zeus. Con Zeus engendró una famosa descendencia entre la que se encuentran las Moiras, las Horas y Astrea, personificación de la Justicia.

TEMPE

Valle donde Dafne solicita ayuda para rehuir el acoso al que la sometía el dios Apolo. Su padre el dios-río Penteo la escucha y la transforma en Laurel.

TERAPNE

Palacio donde vivía Helena y su esposo Menelao. Aquí llega el príncipe troyano Paris y en ausencia de Menelao seduce, rapta a Helena y se la lleva consigo a su Troya natal.

TERSÍCORE

Una de las nueve diosas que presidieron las nueves artes de las que era dios Apolo. Su arte es el baile. Su atributo es la cítara.

TERSITES

Hijo de Agrio. Era cojo, jorobado y feo. Durante la guerra de Troya, cuando Agamenón, para probar a sus soldados, ofrece levantar el sitio de la ciudad, Tersites secunda la idea y a punto está de liderar un motín contra los generales griegos. Lo hace callar Odiseo con un contundente bastonazo. Murió a manos de Aquiles por profanar, sacándole los ojos, el cadáver de la Amazona Pentesilea.

Tras matar Aquiles a la amazona Pentesilea, y este quedarse prendado de su belleza después de muerta, comenzó a increpar a éste,

Teseo y el Minotauro.

llegando a insultarle, lo que provocó la ira de Aquiles que lo mató de un puñetazo en la cara que le rompió todos los dientes.

TÉSALO

En la mitología griega Tésalo era un príncipe de Corinto, hijo de Jasón y Medea, y hermano por tanto de Mérmero, Alcímenes, Tirsandro, Feres, Argos y Eriopis. Se libró milagrosamente de los furores de su madre, que pretendía matarlo al saber que su marido la había abandonado por otra para hacerle a Jasón el mayor daño posible. Otra versión afirma que quien pretendía matarlo era la multitud de Corinto, cansada de las artimañas que urdía Medea para asegurar el trono a sus hijos. La mayoría de sus hermanos no tuvieron la misma suerte, y perecieron apedreados en el templo de Hera. Esta diosa, agradecida porque Medea había rechazado las solicitudes de Zeus, prometió hacer inmortales a los hijos de Medea. Para ello envió una plaga que fue matando a los niños de Corinto hasta que sus habitantes les rindieron honores divinos. Cuando llegó a adulto, Tésalo conquistó la ciudad de Yolco, que había pertenecido a sus antepasados, dando su nombre a la región de Tesalia.

TESEO

Hijo de Egeo, rey de Atenas y de Etra. Según algunas versiones, Teseo posee una doble paternidad, puesto que la misma noche fue violada por Poseidón y porteriormente se unió a Egeo. Es el héroe nacional griego. Aparece en

Júpiter y
Tetis.

numerosas leyendas, en muchas, pero su hazaña más famosa la protagoniza matando al Minotauro. La muerte de Androgeo, un hijo del rey de Creta, provocó un tributo por el cual los atenienses se verían obligados a entregar a los cretenses catorce jóvenes cada nueve años, para ser ofrecidos al Minotauro. Teseo los liberó del tributo matando al monstruo.

TETIS

Una titánida hija de Urano, dios del cielo, y de Gea, diosa de la Tierra. Tetis era la mujer de su hermano Océano y, por su unión, madre de las 3.000 Oceánides o ninfas del océano, y de todos los dioses de los ríos. Como el oráculo pronosticó que el hijo que engendrase Tetis sería mas poderoso que su padre, los dioses, temerosos, la casaron con un mortal y el elegido fue Peleo. En los esponsales de Peleo y Tetis, Éride (la Discordia) ofendida por no ser invitada a los esponsales, lanzó la famosa manzana con la inscripción «para la más bella» y que suscitó la disputa entre Hera, Atenea y Afrodita. Fue la madre de Aquiles, el más grande héroe en la guerra de Troya.

TEUCRO

Hijo de Idea y de Escamandro. Se asentó en Tróade y fundó la dinastía troyana. Casó a su hija Batiea con Dárdano, al que los troyanos consideraban su primer antepasado.

Hijo de Telamón y Hesíone. Este héroe es hermanastro del Gran Áyax (en el bando aqueo durante la guerra de Troya) y sobrino de

Máscara usada para el personaje de Tiestes, Pompeya.

Príamo (soberano de los troyanos durante el sitio de la ciudad). Al finalizar la guerra regresa y es exiliado por su padre, dolido por la muerte de Ayax. Construyó una ciudad en Chipre a la que llamó Salamina en recuerdo a su tierra natal. Mató a Imbrio, Orsíloco, Cromio, Menetes, Arqueptólemo, Protoón, Clito entre otros muchos. Hirió a Glauco. Hubiese matado a Héctor con su arco si Zeus no hubiese roto la cuerda del arco mientras apuntaba. Fue uno de los héroes que entraron en Troya dentro del caballo de madera.

TÍA

De la generación preolímpica, es una de las titánides, hija de Urano y Gea. De la unión con su hermano, el titán Hiperión, engendró al Sol o Helios, la Luna o Selene y la Aurora o Eos.

TIDEO

Hijo de Eneo y su segunda esposa Peribea, soberanos de Calidón. Fue desterrado de su ciudad natal por cometer un asesinato. Algunos autores le incluyen en la lista de los argonautas. Se casó con Deipíle, hija de Adrasto. Su suegro prometió restituir sus reinos perdidos a sus yernos Tideo y Polinice. Empezó por Polinice organizando la expedición de los siete contra Tebas. En esta contienda falleció Tideo junto al resto de los caudillos, con excepción de Adrastro que se salvó.

TIESTES

Hijo de Pélope e Hipodamía, hermano gemelo de Atreo. Las con-

Los griegos llamaron
Tifón al dios egipcio Seth.

tinuas rivalidades entre los dos hermanos ocupan gran parte de las desdichas que azotaron a la dinastía de los Atridas. El conflicto comienza cuando Tiestes intenta robarle a su hermano el trono de Micenas. Tras asesinatos y violaciones entre los miembros de la familia, por fin Tiestes alcanza el trono de Micenas, del que finalmente es expulsado por su sobrino Agamenón.

TIFÓN

Hijo del Tártaro y de Gea. Es el ser más pavoroso que jamás ha existido. Más alto que las montañas, en vez de dedos tenía cien cabezas de dragón, en lugar de piernas tenía cientos de víboras, poseía alas y sus ojos lanzaban llamas. Cuando los dioses lo vieron, huyeron a Egipto, donde se ocultaron bajo la forma de animales. Durante el enfrentamiento de Zeus con Tifón, el ultimo le arrancó al dios los tendones de brazos y piernas, después los escondió en una cueva de Cilicia. Hermes y Pan robaron los tendones colocándoselos de nuevo a Zeus, que en su segundo enfrentamiento logró sepultar al engendro bajo el volcán Etna.

TINDÁREO

Según la versión más difundida es hijo de Ébalo y Gorgófone soberanos de Esparta. A la muerte de su padre fue expulsado del reino por su hermano Hipocoonte. Se refugió en la corte del rey Testio y se casó con su hija Leda, allí permaneció hasta que Heracles venció a Hipocoonte y le devolvió Esparta. Con Leda tuvo a Cástor,

Ulises en los Infiernos
consultando el espíritu de
Tiresias (Siglo IV a. C.)

Pólux, Helena, Clitenmestra, Timandra y Filónoe. Acogió a Agamenón y a Menelao y los casó respectivamente con Clitenmestra y con Elena. Sobrevivió a la divinización de sus hijos Cástor y Pólux y legó su reino en vida a Agamenón. Él acusó a su nieto Orestes ante el Areópago de la muerte de Clitenmestra. Tindáreo fue uno de los héroes resucitado por Asclepio.

TIRESIAS

Hijo de Everes y de la ninfa Cariclo. Adivino de los tebanos. Existen diferentes versiones sobre la forma en que adquirió sus dotes proféticas. La más extendida relata que en cierta ocasión Tiresias, paseando por el monte Cileno, descubrió a dos serpientes copulando. Las separó, o mató a la hembra, tras lo cual se transformó en mujer. Años más tarde, en el mismo lugar encontró otras dos serpientes copulando. Obró de la misma manera y recuperó su sexo masculino. Zeus y Hera le consultaron quien experimentaba mayor placer en el sexo y como Tiresias, dando la razón a Zeus, contestó que la mujer. Hera contrariada, le dejó ciego y Zeus para compensarle, le concedió el don de la profecía.

TIRSO

Vara de madera de vid con ramitas y hojas laterales de parra y coronada por piñas de pino. Utilizada como arma por Dionisio en la Gigantomaquia, la guerra contra los gigantes. Con su tirso el dios derribó al gigante Éurito. Esta vara también era utiliza-

Titanes.

da por las ménades en los ritos orgiásticos.

TITANES

Hijos de Urano y Gea. Son doce, seis Titanes: Océano, Ceo, Crío, Hiperión, Jápeto y Cronos. Y seis Titánides: Febe, Mnemósine, Rea, Temis, Tetis y Tía. Cronos y Rea formaron la pareja divina, que sustituyó a Urano y Gea en el poder. La prole de estos dos dio lugar a los Olímpicos. La primera generación de estos dioses Olímpicos la forman: Hades, Deméter, Poseidón, Hestia, Hera y Zeus. Zeus y Hera sustituyeron a Cronos y Rea en el gobierno del Universo.

TITONO

Hijo de Laomedonte y de Estrimo, soberanos de Troya. La diosa Eos se enamoró de él y solicitó para su amante la inmortalidad. Le fue concedida, pero Eos olvidó pedir también la eterna juventud. Titono envejeció y se encogió hasta que no podía moverse. Eos lo colocó en una cesta y se dice que finalmente lo transformó en una cigarra. Juntos tuvieron dos hijos Ematión y Memnón.

TRIPTÓLEMO

Héroe eleusino por excelencia. Debido al buen trato que Deméter recibió en Eleusis, la diosa le concedió un carro con dragones alados, le enseñó el arte de la siembra y le mandó a recorrer el mundo difundiendo sus conocimientos. Carnabón, rey de los getas, mató a uno de los dragones, pero Deméter lo sustituyó por otro. En Patras, Angias intentó sembrar él mismo con el carro de

Tritón.

Triptólemo, mientras el héroe dormía, pero cayó del carro y murió. En su honor Triptólemo y Eumelo, padre del fallecido, fundaron la ciudad de Antea. Se le atribuye la fundación en Atenas de la Tesmosforias, fiestas en honor a Deméter.

TRITOGENIA

Epíteto de Atenea. Hay divergentes versiones sobre la procedencia del nombre, una de ellas es nacida al lado del río Tritón.

TRITÓN

Hijo de Poseidón y Anfitrite. Semidios marino. Tenía cuerpo de hombre hasta la cintura y de cintura hacia abajo, cola de pez. Acompaña a Poseidón con su cortejo y anuncia la llegada de éste, haciendo sonar una caracola marina. En epocas posteriores aparecen los tritones como una pluralidad de la divinidad marina.

TROILO

Es el menor de hijos de Príamo y Hécuba, soberanos de Troya. Existía un oráculo según el cual Troya no podría ser tomada si Troilo llegaba a los veinte años. Por esta razón Aquiles buscó y dio muerte al muchacho.

TROS

Hijo de Erictonio y Astíoque. Héroe epónimo de los troyanos. Se casó con Calírroe. Padre de Ilo, de Asáraco y de Ganimedes.

URANIA

Una de las nueve diosas que presidieron las nueves artes de las que era dios Apolo. Su arte es la astronomía. Sus atributos son el globo celeste y el compás.

URANO

Personificación del Cielo, elemento masculino y fecundante de la Tierra. Hijo de Gea (Tierra). Su prole es numerosa, padre de los Titanes, los Hecatonquiros, de los Cíclopes, Furias, Ninfas y de Afrodita, entre otros.

ULISES

Ver Odiseo.

VENUS

Nombre romano de la diosa Afrodita.

VOLUPTUA

Hija de Eros y Psique, representa la idea de placer y deseo sexual.

YACO

Hijo de Zeus y Deméter, según unas versiones. Otras lo hacen esposo de Deméter o hijo de Perséfone. En este ultimo caso se le identifica con Zagreo, que una vez resucitado tomó el nombre de Yaco. Está íntimamente ligado a Deméter y a Perséfone, pues interviene en los ritos dedicados a ellas. Se le representa como un niño que baila con un antorcha encabezando una procesión.

YAMBE

Hija de Pan y Eco. Criada de Céleo y Metanira. Cuando Deméter llegó a casa de éstos, tras perder a Perséfone, Yambe la animó con sus bromas.

Yolao (izquierda) y Heracles. Mosaico del siglo I del Ninfeo Anzio, Roma.

YASIÓN

Es hijo de Zeus y la pléyade Electra. En la boda de Harmonia y Cadmo se enamoró de Deméter y yació con ella en un campo arado tres veces. De esta unión nació Plutón. Tanto su genealogía como su leyenda tienen numerosas variantes.

YASO

Hija de Asclepio, dios de la medicina. Diosa que simboliza la curación. No tiene leyenda propia.

YOBATES

Rey de Licia. Proporcionó a su yerno Preto tropas para recuperar su reino, del que le había sido expulsado. Por encargo de Preto, Yóbates, impuso a Belerofontes una serie de pruebas de las que el héroe siempre salió airoso y que habían sido ideadas con la intención de que muriese en la empresa. Finalmente, reconociendo su valía, Yóbates casó a Belerofontes con su hija Filónoe y le nombró su heredero.

YOCASTA

Hija de Meneceo, hermana de Creonte y de Hipónome. También conocida con el nombre de Epicaste. Se casó en primeras nupcias con Layo, soberano de Tebas, con el que tubo a Edipo. Más tarde, cumpliéndose una maldición que pesaba sobre la familia, se casó sin saberlo con Edipo. Con él engendró a Eteocles, a Polinices, a Antígona y a Ismene. Al saber que había cometido incesto, se suicidó.

YOLAO

Hijo de Íficles y Automedosa.

Amfión y
Zeto.

Sobrino, auriga y amigo predilecto de Heracles. Acompañó al héroe en casi todas su aventuras. Una vez muerto Heracles se erigió en protector de los heraclidas. Se casó con Mégara, después de que Heracles la repudiara. Con ella tuvo Leipéfile.

YOLE

Hija de Éurito, soberano de Ecalia. Su padre concertó un torneo de arco en el que el ganador se llevaría la mano de la hermosa Yole. Heracles venció, pero Éurito se negó a concedérsela temeroso que en un ataque de locura matase a los hijos que tuviese con ella, como ya le había pasado con Mégara, su primera esposa. Tiempo más tarde, durante su matrimonio con Deyanira, Heracles conquista la ciudad y se lleva a Yole como concubina. Al ver Deyanira la belleza de la muchacha, impregna una túnica de su esposo con lo que ella pensaba que era un filtro de amor y que resultó ser un veneno que llevó a Heracles a la muerte. En su agonía Heracles ordena a su hijo Hilo que se despose con Yole.

ZAGREO

Hijo de Zeus y Perséfone. Por encargo de Hera los Titanes lo despedazaron. Zeus lo resucitó haciéndole renacer como Yaco o resurgió encarnándose en Dioniso según las versiones.

ZETO

Hijo de Zeus y Antíope, hermano de Anfión. Junto Anfión se vengó de Lico y juntos después de destronarle reinaron en Tebas. Construyeron la murallas que rodeaban la ciudad.

Zeus.

ZEUS

Hijo de Cronos y Rea. Es el dios mas importante, ostenta el título de padre de los dioses y gobierna el Universo. Va armado con el trueno y el rayo. Su morada se encuentra en lo alto del monte Olimpo. Es el esposo de su hermana Hera, que gobierna junto a él. Pero antes ha tenido otras esposas y sus devaneos amorosos son innumerables. Tiene una numerosa prole de sus uniones con diosas y mortales. Alguno de sus hijos son: Atenea, Ares, Perséfone, Apolo, Artemisa, las Musas, las Gracias y Heracles, entre otros. Como dios supremo aparece en numerosas mitos ya sean propios o ajenos.

Es también salvador y protector del orden moral y social del Estado y de él suelen proceder muchas generaciones de héroes.

Bibliografía

Burkert, Walter. *La religione greca di epoca arcaica e classica.* Milano, Jaca Books. 2003

Carl G. Jung e Kàroly Kerényi, *Prolegomeni allo studio scientifico della mitologia*, Boringhieri, Torino. 1972.

Champeaux, J. *La religione dei romani*, Il Mulino, Bologna. 2002.

Domingo, J. Grandes leyendas y mitos de la Antigüedad. Ediciones Martínez Roca, Barcelona. 1969.

Ferrari, A. *Dizionario di mitologia greca e latina*, Torino, UTET. 1999.

Foley, John Miles. "*Homeric and South Slavic Epic*", Homer's *Traditional Art.* Penn State Press. 1999.

Grigorieff, Vladimir. *Mitologías occidentales.* Ediciones Robinbook, Barcelona. 1998.

Grimal, Pierre. *Mitologia.* Garzanti. 2001.

Grimal, Pierre (1986). "*Argonauts*", *The Dictionary of Classical Mythology*. Blackwell Publishing. 1986.

Julien, Nadia. *Enciclopedia de los mitos*. Ediciones Robinbook, Barcelona. 1997.

Kerényi, K. *La religione antica nelle sue linee fondamentali*, Astrolabio, Roma, 1951.

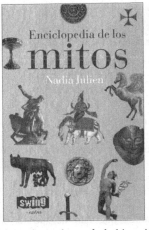

Enciclopedia de los mitos
Nadia Julien

La más exhaustiva selección de mitos y leyendas de las principales creencias y culturas de todo el mundo.

Este libro no sólo constituye una guía de amena y apasionante lectura a través de la historia de los mitos, sino que, al mismo tiempo, ofrece una exhaustiva visión de los resortes y motivaciones que subyacen en el ser humano. Los relatos mitológicos describen modelos de conducta que no han variado con el paso del tiempo y que mantienen plenamente su vigencia.

• ¿Cuál ha sido la finalidad didáctica y moral de los mitos a largo de la historia?.

• ¿Cómo ha evolucionado la representación de los mitos en el arte?.

• ¿Cómo ha influido la mitología en las doctrinas religiosas más trascendentales de la humanidad?.

Encuadernación en cartoné.

Enciclopedia de los símbolos
Udo Becker

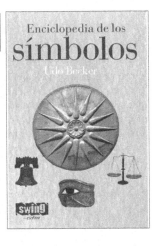

Concebida como una auténtica guía histórica y cultural, esta obra explica el significado y la influencia de los símbolos fundamentales de la humanidad. De forma detallada, clara y concisa, el lector encontrará aquí las informaciones necesarias para desentrañar las claves ocultas de la imaginería humana en épocas como la Antigüedad clásica, la Edad Media, el periodo románico, el gótico, etc., en diversas culturas. A través de sus 1.800 entradas y más de 900 ilustraciones, la completa y abarcadora obra de Udo Becker le descubrirá el mundo de los símbolos de las civilizaciones más importantes.

• El significado simbólico de los colores, las cifras, las figuras, los animales fabulosos y sus bestias fantásticas.

• La influencia de los símbolos en el mundo del arte.

• Las semejanzas y divergencias existentes entre las distintas simbologías individuales y universales.

Encuadernación en cartoné.

Mitología celta y nórdica
Alessandra Bartolotti

Imágenes, símbolos, leyendas, sagas,cuentos… constituyen un recurso del hombre para entenderse a sí mismo y comprender el mundo que lo rodea.

Los celtas fueron una sociedad de héroes donde la guerra compartía mesa con el amor y la magia. La leyenda artúrica o la historia deTristán e Isolda constituyen dos buenos ejemplos de ese paseo donde se mezclan lo sobrenatural con lo histórico. Al igual que los celtas, el resto de pueblos del norte de Europa poseen personajes y relatos mitológicos fascinantes que han llegado hasta nuestros días.

• El legado de los druidas.
• Dioses de múltiples caras.
• El panteón germánico.
• El Kalevala, la epopeya finlandesa.
• Los mitos eslavos.

Los errores de la historia
Roger Rössing

Errar es humano, por eso no es de extrañar que la historia de la humanidad esté salpicada de pequeños y grandes errores. Roger Rössing nos presenta un libro ameno y entretenido, repleto de historias curiosas y sorprendentes, todas ellas caracterizadas por relatar situaciones que han devenido trascendentales en la evolución del mundo.

• ¿Se equivocó Colón en sus cálculos?
• ¿Por qué sonríe la Mona Lisa?
• El zar Alejandro II y la «venta» de Alaska.
• Franklin y la invención del pararrayos.
• ¿Era Rudolf Hess un mensajero de la paz?
• El ataque a Pearl Harbor: un cúmulo de despropósitos.
• El viernes negro de Wall Street.